AF642420

FORTNUM & MASON

EST 1707

Über den Autor

Tom Parker Bowles arbeitet als Foodkolumnist und Journalist und hat als Kochbuchautor bereits zahlreiche Bücher veröffentlicht, darunter *E is for Eating: An Alphabet of Greed*, *A Journey through the British and their Food*, *Let's Eat: Recipes From My Kitchen Notebook* und *Fortnum & Mason: A Very British Christmas* (Christian Verlag 2019).

Außerdem arbeitet Tom Parker Bowles als Restaurantkritiker für *The Mail on Sunday* und als Foodeditor für den *Esquire*. Tom Parker Bowles lebt mit seiner Frau und seinen beiden Kindern in London.

Dieses Buch ist

William Fortnum und Hugh Mason

gewidmet.

By Appointment
to Her Majesty Queen Elizabeth II
Grocers and Provision Merchants
Fortnum & Mason Ltd.

FORTNUM & MASON
EST 1707

A VERY BRITISH COOKBOOK

Rezepte & Geschichten

Text: Tom Parker Bowles
Fotografie: David Loftus

CHRISTIAN

Impressum

Verantwortlich: Sonya Mayer
Übersetzung aus dem Englischen: Franziska Weyer
Korrektur: Judith Bingel
Einbandgestaltung: Sophie Schillo, unter Verwendung einer Illustration von Edward Bawden
Satz: Martin Feuerstein, wigel
Herstellung: Anna Katavic
Text: Tom Parker Bowles
Rezepte: Fortnum & Mason
Fotografie: David Loftus
Illustrationen: siehe Bildnachweis Seite 296

Printed in Slovakia by Neografia

★★★★★

Sind Sie mit diesem Titel zufrieden? Dann würden wir uns über Ihre Weiterempfehlung freuen. Erzählen Sie es im Freundeskreis, berichten Sie Ihrem Buchhändler oder bewerten Sie bei Onlinekauf. Und wenn Sie Kritik, Korrekturen, Aktualisierungen haben, freuen wir uns über Ihre Nachricht an: Christian Verlag, Postfach 40 02 09, D-80702 München oder per E-Mail an lektorat@verlagshaus.de.

Unser komplettes Programm finden Sie unter: www.christian-verlag.de

Alle Angaben dieses Werkes wurden vom Autor sorgfältig recherchiert und auf den neuesten Stand gebracht sowie vom Verlag geprüft. Für die Richtigkeit der Angaben kann jedoch keine Haftung übernommen werden, weshalb die Nutzung auf eigene Gefahr erfolgt. Sollte diese Werk Links auf Webseiten Dritter enthalten, so machen wir uns die Inhalte nicht zu eigen und übernehmen für die Inhalte keine Haftung.

In diesem Buch wird aus Gründen der besseren Lesbarkeit das generische Maskulinum verwendet. Weibliche und anderweitige Geschlechteridentitäten werden dabei ausdrücklich mitgemeint, soweit es für die Aussage erforderlich ist.

Die Deutsche Nationalbibliothek verzeichnet diese Publikation in der Deutschen Nationalbibliografie; detaillierte bibliografische Daten sind im Internet über http://dnb.d-nb.de abrufbar.

Copyright © 2022 für die deutschsprachige Ausgabe:
Christian Verlag GmbH, Infanteriestraße 11a, 80797 München

Die englische Originalausgabe mit dem Titel *The Cook Book: Fortnum & Mason* erschien erstmals 2016 bei 4th Estate, einem Imprint von HarperCollins Publishers, 1 London Bridge Street, London SE1 9GF, England.

Copyright © Fortnum & Mason Plc 2016
Fotografie copyright © David Loftus 2016
Design © BLOK 2016 (www.blokdesign.co.uk)
The right of Fortnum & Mason Plc to be identified as the author of this work has been asserted by them in accordance with the Copyright, Design and Patents Act 1988.

Alle deutschsprachigen Rechte vorbehalten.

ISBN 978-3-95961-527-3

»Wo das Speisen zur Königsdisziplin gereift«

F
M

Einführung

Es heißt, dass man das erste Mal nie vergisst. Was Fortnum & Mason betrifft, so stimmt diese Behauptung. Es war ein kalter Winterabend Anfang der 1980er-Jahre und ich trug mein bestes London-Outfit – polierte Clarks, eine Cordsamthose mit Bügelfalten und ein makellos sauberes Hemd. Mein abgewetzter Anorak war durch einen dunkelblauen Mantel eingetauscht worden und während ich mit meinem Cousin und meiner Großmutter die Piccadilly Road hinabging, zitterte ich vor Kälte und Aufregung. Wir waren unterwegs, um uns die Weihnachtsdekoration in den Schaufenstern anzuschauen. Und vielleicht – also falls wir uns gut benahmen und artig Bitte und Danke sagten und weder maulten noch herumzappelten oder an irgendetwas herumspielten – würden wir im legendären Fountain Restaurant ein Banana-Split-Eis bekommen.

Aufgewachsen auf dem Land im tiefsten Wiltshire erschien mir London wie die glitzernde, exotische und unglaublich aufregende Smaragdstadt. Auch die italienischen Restaurants – das Mimmo's und das La Fontana –, die meine Großmutter so liebte, waren für mich die reinsten Tempel der Seligkeit. Dort tranken wir eine Coca-Cola nach der anderen, fochten mit Brotstangen, verspeisten riesige Mengen Spaghetti bolognese und kniffen uns in die Wangen, bis sie glühten. Auf dem Land gingen wir nicht in Restaurants. Ich weiß tatsächlich nicht, ob es in Chippenham, abgesehen von den allgegenwärtigen Fish-and-Chips-Buden, überhaupt welche gab.

London war zweifellos aufregend und Fortnum & Mason war der absolute Höhepunkt des Großstadt-Glamours. Diese fantastischen, strahlenden Schaufenster mit ihren verschwenderischen Auslagen, den reich verzierten Blechdosen, die Tee und exotische Süßigkeiten enthielten, und den glitzernden Fläschchen mit Zaubertränken. Auf der Uhr in einem der Schaufenster erschienen zu jeder vollen Stunde zwei Holzfiguren, die ein Tablett mit einem Teeservice und einen Kerzenständer trugen, sich anschauten und sich anmutig voreinander verbeugten.

Natürlich hatte ich damals keine Ahnung, dass diese 1,2 Meter hohen Figuren Mr Fortnum und Mr Mason darstellten und dass man für die Konstruktion dieser 1964 enthüllten Uhr drei Jahre gebraucht hatte. Für mich war sie einfach magisch und entsprang mit all dem Plüsch, den künstlichen Schneeflocken und den mit Puderzucker bestäubten Süßigkeiten eher der märchenhaften Welt Narnias als dem Piccadilly. Doch im Gegensatz zu Narnia wurde hier sichtbar die Weihnachtszeit zelebriert. Aus versteckten Lautsprechern erklang »Hört der Engel große Freud« und alles quoll über vor kandierten Früchten, glitzernden Christbaumkugeln und riesigen, extravaganten Knallbonbons. Der weißen Hexe hätte das nicht gefallen.

Es duftete nach Gewürzen und Tee und teurem Parfüm. Wir kämpften uns durch die fröhlichen Horden und vorbei an den Mitarbeitern im Frack (die eher wie Soldaten wirkten und nicht wie Verkäufer aussahen) bis ins Fountain Restaurant, wo uns ein unglaublich großer Banana-Split-Eisbecher mit Unmengen von Schlagsahne, Schokolade und Eis erwartete, dessen Anblick allein die reinste Sinnenlust war. Genau so müssen es bereits meine Eltern und Generationen aufgeregter Kinder vor mir empfunden haben.

Denn Fortnum & Mason ist so viel mehr als nur ein Warenhaus. Es ist eine nationale Ikone, eine britische Institution und dazu der edelste Feinkosthandel weit und breit. Ein Laden, der die britische Geschichte befeuert hat, das Britische Empire mit aufgebaut hat und Kaiser und Könige, Maharadschas und Zaren, Herzöge und Diven gleichermaßen hervorragend kulinarisch versorgt hat.

Liest man die Namensliste der Fortnum-&-Mason-Kunden, wähnt man sich in einem Geschichtsbuch der Insel, denn sie ist definitiv das Who's who der Adligen, Reichen und Berühmten. Auf ihr stehen sämtliche britischen Monarchen seit Anne, der letzten britischen Königin des Hauses Stuart. Sämtliche Premierminister seit Gladstone und Disraeli, die berühmten Generäle und Politiker Wellington, Churchill und Montgomery, Schauspieler von Sir John Gielgud bis Sir Michael Caine und die größten Schriftsteller, die je einen Satz zu Papier gebracht haben wie Byron, Dickens, James, Conrad, Wodehouse, Betjeman und Waugh. Sie alle kauften hier die berühmten Proviantkörbe, die eingelegten Kirschen, die Schottischen Eier, den geräucherten Lachs, den Bordeauxwein und den Tee. Und sie alle vereinte die Liebe zu diesem legendären Warenhaus.

Das Unternehmen wurde auf der Basis gespendeter Wachsreste gegründet, was nach einer eher wenig stabilen Grundlage für solch ein vornehmes Londoner Geschäft klingt. William Fortnum durfte als Diener der Königin Anne abgebrannte Kerzenstummel sammeln und behalten, denn die königliche Familie bestand darauf, jeden Abend neue Kerzen zu entzünden. Fortnum verkaufte die Wachsreste und erzielte damit einen ganz ordentlichen Profit. Parallel betrieb er einen kleinen Lebensmittelhandel und überredete 1707 seinen Hauswirt Hugh Mason, bei ihm einzusteigen. So kamen Fortnum und Mason zusammen und bauten ihr Lebensmittelgeschäft in unmittelbarer Nähe zum königlichen Palast auf, denn damals wie heute war Saint James das Zentrum der gehobenen Gesellschaft.

Und nicht nur das Unternehmen florierte (unterstützt von Fortnums Enkel Charly, der für die Königin Charlotte arbeitete, die Gemahlin von Georg III.), sondern auch das Britische Empire. Während Kriege wüteten und die Weltkarte immer hellroter wurde, wuchs das Vermögen von Fortnum & Mason. Es belieferte gleicherweise die Offiziere von Waterloo und Trafalgar mit Tee, Wein und Bier. Queen Victoria entsandte riesige Schiffsladungen mit der berühmten Rinderbrühe, um die Armeen während des Krimkrieges damit zu versorgen. Robert Graves schrieb, dass wöchentlich Proviantkörbe mit Rindfleisch in Dosen, Stilton-Käse und richtigem Tee in den Schützengräben des Ersten Weltkrieges eintrafen und auch Winston Churchill zu den dankbaren Abnehmern gehörte.

Doch Fortnum & Mason hat sich nie damit zufriedengegeben, in der Vergangenheit zu leben. Selbstverständlich respektiert man die Vergangenheit, lässt sich aber nicht von ihr in Fesseln legen. Stillstand würde Stagnation bedeuten. Man war und ist erfinderisch, angefangen von den Proviantkörben über die Schottischen Eier bis hin zu den Bienenstöcken auf dem Hausdach. Mit den vielen Preisen und Auszeichnungen, die Fortnum & Mason im Laufe der Zeit für Lebensmittel und Getränke einheimste, inspirierte man seit jeher britische Kochbuchautoren und Journalisten.
In der Jermyn Street Nr. 45 führt das Haus inzwischen ein durch und durch modernes Restaurant, in dem man dennoch traditionelle Werte hochhält. Komfort, Qualität und das Vergnügen eines zivilisierten, ausgedehnten Mittagessens.

Dies ist das erste offizielle Fortnum-&-Mason-Kochbuch seit über 300 Jahren und die Rezepte verbinden das Klassische mit dem Modernen. Es ist jedoch keinesfalls dazu da, lediglich als Dekor und Staubfänger zu dienen, vielmehr ist es für den täglichen Gebrauch gedacht, und der darf gerne Spuren hinterlassen. Hauptsache, man sieht dem irgendwann fleckigen und zerfledderten Buch an, dass es geliebt wird, denn es soll wie Fortnum & Mason zeitlos und praktisch sein und mit britischem Geschmack den globalen Appetit anregen. Es möchte als Bewahrer der britischen Tradition und als Kurator der weltweit besten Zutaten verstanden werden. Die Rezepte haben zwei Dinge gemeinsam – ihre Verbindung zu Fortnum & Mason und dass sie verdammt lecker schmecken. Lassen Sie uns anstoßen auf die Grande Dame des Piccadilly, auf köstliche Speisen, hervorragende Zubereitung und auf die nächsten 300 Jahre.

NOIX GLACÉE
FORTNUM & MASON
REAL
TURTLE SOUP
FORTNUM & MASON
OX TONGUE
FORTNUM & MASON
Piccadilly, W.1
Famous for Quality
ENGLISH
GARDEN
PEAS
from
FORTNUM & MASON
PICCADILLY
W1
Turkey
SEVEN
DELICACIES
RODEL
BORDEAUX
FRANCE
SARDINES A L'HUILE D'OLIVE
Asparagus
Spears
FORTNUM & MASON
CRANBERRY
JELLY

Zutaten

Gutes Kochen beginnt mit den bestmöglichen Zutaten – eine einfache, aber fundamentale Philosophie bei Fortnum & Mason. Aufgelistet werden hier ein paar Lieblingszutaten, mit denen sich das Beste aus den nachfolgenden Rezepten herausholen lässt.

Braune Bioeier
Wir bevorzugen Eier, deren Eigelb dunkelgelb und wunderbar cremig ist.

Butter
Fortnum & Mason bietet eine Auswahl fantastischer Buttersorten an, aber nichts geht über die von Hand geschlagene Abernethy-Butter aus Irland.

Honig
Honig ist ein hervorragender Zuckerersatz, daher bietet Fortnum & Mason eine exquisite Auswahl verschiedenster Honigsorten an.

Chardonnay-Essig
Ein köstlich abgerundeter Essig, der in jedem Dressing Wunder wirkt.

25 Monate gereifter Parmesankäse
Dank seiner wundervoll salzigen und leicht pfeffrigen Note reibt man ihn am besten über Carpaccios, Spargel, Salate oder genießt ihn mit Honig.

Anchovis
Fortnum & Mason verwendet L'Escala-Anchovis zum Würzen von Lamm, im Salat, um die Aromen eines Gerichts hervorzuheben, oder um sie auf Toast zu servieren.

Fortnum & Mason Stilton im Tongefäß
Der letzte Familienbetrieb in England, der den Blauschimmelkäse herstellt, verwendet dafür ausschließlich Milch aus den drei »Stilton-Grafschaften«: Derbyshire, Nottinghamshire und Leicestershire.

Daphnes Waliser Lammfleisch
Das von Daphne Tilley in Denbighshire produzierte Lammfleisch schmeckt genau so, wie gutes Lammfleisch schmecken sollte.

Fortnum & Mason geräucherter Lachs
Die Hausmarke stammt von Severn & Wye in Gloucestershire, denn ihr nachhaltiger und absolut hochwertiger Zuchtlachs wird behutsam über Eichenholz geräuchert. Das Ergebnis ist ein zart geräucherter, unglaublich aromatischer und geschmackvoller Lachs.

Glenarm Salt-Aged Beef
Das von Hand selektionierte Rindfleisch von Weiderindern der nordirischen Glenarm-Farm wird 28–42 Tage in Himalaja-Salzkammern gereift, um ihm die Feuchtigkeit zu entziehen und sein Aroma zu verstärken.

Portwein
Der Single Cask Madeira von Fortnum & Mason passt wunderbar zu Süßspeisen und hält sich auch geöffnet noch ewig. Daher sollte er in keinem Vorratsschrank fehlen.

Frühstück

»Die englischsprachige Welt lässt sich grob in zwei Lager einteilen – das eine Lager schwört auf Tee, das andere auf Kaffee und manchmal verschwören sie sich gegeneinander. Fortnum & Mason verhält sich völlig neutral. Hier herrscht Harmonie, da man einfach stets die besten Tee- und Kaffeesorten vorrätig hält.«

Gegrillte Räucherheringe mit Petersilienbutter und Zitrone

Nachdem Edward VIII abgedankt hatte und anschließend im Exil darauf wartete, Mrs Simpson auf dem Schloss de Condé zu ehelichen, gelüstete es ihn so sehr nach den heimatlichen Genüssen, dass er sich jeden Morgen per Flugzeug von Fortnum & Mason über Eichenholz geräucherte Craster-Bücklinge aus Northumberland schicken ließ, um das eintönige kontinentale Frühstück zu umgehen.

Über Eichenholz geräucherte Bücklinge sind ein traditionelles britisches Frühstücksgericht, auch wenn sie in den letzten Jahren etwas aus der Mode gekommen sind. Warum? Vielleicht wegen all der feinen Gräten? Meine Mutter behauptet, es läge am Geruch, der lange in der Küche hängen bleibt, doch wenn man den Fisch pochiert, riecht er nicht streng. Außerdem ist der Geruch frisch gegrillter Räucherheringe einfach köstlich.

Auf jeden Fall kommt es bei einem solch einfachen Gericht auf die Qualität an. Zweitklassige Bücklinge sind eine trostlose Sache. Fortnum & Mason bezieht seine Räucherheringe mit dem eleganten Räucheraroma von Severn & Wye. Sie werden gegrillt und mit zerlassener Butter serviert. Und mit etwas frisch gemahlenem Pfeffer ist dieses Frühstück einem (Ex-)König absolut angemessen.

Für 2 Personen

2 Räucherheringe
etwas Olivenöl

Für die Petersilienbutter mit Zitrone
50 g weiche Butter
1 kleines Bund krause Petersilie, fein gehackt
1 Zitrone

Die Butter in eine kleine Schüssel geben und die Petersilie unterrühren. Die abgeriebene Schale einer viertel Zitrone dazugeben, danach die Zitrone halbieren, eine Hälfte ausdrücken und den Saft ebenfalls unter die Butter mischen. Die Butter abschmecken und nach Belieben mehr Schalenabrieb oder Saft untermischen.

Den Grill vorheizen, die Bücklinge mit der Hautseite nach unten in eine Alugrillschale legen und mit etwas Olivenöl bepinseln. Die Fische 6–8 Minuten grillen und danach anrichten. Dabei jeweils einen Löffel Petersilienbutter darübergeben. Mit Zitronenvierteln und geröstetem Vollkorntoastbrot servieren.

Porridge

Porridge beziehungsweise Haferbrei sollte während der Zubereitung – wie in den guten alten Zeiten – langsam gerührt werden. Dafür braucht es nur Wasser, hochwertige Haferflocken, Salz und auf Wunsch etwas Sahne. Und natürlich Honig, den goldenen Nektar, der durch Fortnum & Masons Venen rinnt. Die Zubereitung ist entscheidend, will man mit diesem einfachen Gericht die Schotten nicht verärgern. Oder, um es wie P. G. Wodehouse zu formulieren: »Es war nie schwer, einen vergrämten Schotten von einem Sonnenstrahl zu unterscheiden.«

Für 4 Personen

1 l Wasser
1 große Prise Salz
200 g Haferflocken

Zum Servieren
reichlich flüssigen Honig
süße Sahne (optional)

Mögliche Toppings
helle Rosinen
Sonnenblumenkerne mit Zimt
Bananenscheiben mit Ahornsirup
Blaubeeren mit Chiasamen

Das Wasser mit dem Salz aufkochen, die Haferflocken mit dem Schneebesen einrühren und 4–5 Minuten sanft köcheln lassen, bis die Haferflocken weich sind und eindicken.

Den fertigen Porridge auf vier Schalen verteilen und großzügig mit Honig beträufeln und/oder mit den vorgeschlagenen Toppings bestreuen. Für eine Luxusvariante einen Löffel süße Sahne untermischen.

Boiled Egg and Soldiers
(Gekochtes Ei mit Toaststreifen)

Ein gekochtes Ei?, höre ich Sie empört rufen?. Ein gekochtes Ei? Das kann doch jeder. Wasser aufkochen, das Ei hineingeben, garen und wieder herausholen. Nichts einfacher als das, oder? Nun, ja und nein. Wir alle haben schon unter zu lang gekochten Eiern gelitten, man hätte sie besser als Tennisbälle benutzen sollen. Oder wir haben zu kurz gegarte Eier vorgesetzt bekommen, deren Eiweiß noch durchsichtig und deren Eigelb noch kalt war. Bei Fortnum & Mason ist das Ei perfekt, wenn das Eiweiß gerade gestockt ist und das Eigelb noch so sämig ist, dass man die gebutterten Toaststreifen hineintunken kann.

Traditionell wurde das Brot frisch gebacken und die Butter in Butterfässern aus Somerset und Devon geliefert, wo dank saftiger Weiden eine süßliche, besonders wohlschmeckende goldgelbe Butter hergestellt wird. Eine Butter, die, bevor es Kühlschränke gab, in Salatblätter eingeschlagen wurde, um sie kühl zu halten.

Was die Kochanleitung betrifft – je frischer das Ei, umso besser. Und bitte niemals Eier im Kühlschrank aufbewahren. Das ist völlig unnötig, außerdem platzt die Eischale, wenn man die Eier direkt aus dem Kühlschrank ins kochende Wasser gibt.

---

1 Die Eier in einen mit kaltem Wasser gefüllten Topf geben.
2 Das Wasser aufkochen.
3 Den Herd ausschalten und den Topf abdecken.
4 Die Küchenuhr auf die gewünschte Zeit einstellen:

3 Minuten für sehr weich gekochte Eier
4 Minuten für weich gekochte Eier
6 Minuten für feste weich gekochte Eier
10 Minuten für hart gekochte Eier mit wachsweichem Eigelb

Die Eier mit etwas Salz und Pfeffer bestreuen und großzügig gebutterte Toaststreifen dazu reichen.

Bei
Fortnum & Mason
ausgebrütet
EB

Kaviar-Eier

Kaviar, »wie er von Meerjungfrauen in kühlen Grotten gegessen wird«, waren die honigsüßen Worte in einem der berühmten »Fortnum-&-Mason-Kommentare« Anfang der 1930er-Jahre. Diese ruinös teuren Fischeier des wilden Wolga-Störs gehörten bei Fortnum & Mason lange Zeit zu den Standardprodukten. Dank zügelloser Überfischung ist der Handel mit Wild-Kaviar mittlerweile illegal. Gut. Denn die Qualität des gezüchteten Kaviars lässt sich selbst von Experten kaum noch von der des wilden Kaviars unterscheiden. Im Restaurant an der Jermyn Street wurde ein Rollwagen für den Kaviar eingeführt, dessen gut geölte Räder seither selten stillstanden. Dort wird übrigens auch in tadelloser Manier das Rührei direkt vor Ihren Augen zubereitet.

Für 4 Personen

12 braune Bioeier
150 ml süße Sahne
70 g Butter plus Butter zum Bestreichen des Toastbrots
1 EL klein gehackter Schnittlauch
20 g Ossietra-Kaviar
8 Scheiben Sauerteigbrot, getoastet
Salz und frisch gemahlener weißer Pfeffer

8 Eier in einem großen Topf mit sprudelnd kochendem Wasser 6 Minuten garen und anschließend unter kaltem Wasser abschrecken. Die Eier, sobald sie weitgehend abgekühlt sind, in Eierbecher setzen und jeweils die Deckel abschneiden. Mit einem Teelöffel das Eigelb vorsichtig herausholen und dann mit einer Gabel zerdrücken.

Die restlichen 4 Eier über einer Schüssel aufschlagen, die Sahne und etwas Salz und Pfeffer hinzufügen und alles mit dem Schneebesen aufschlagen.

Die Butter in einem Schmortopf zerlassen, die aufgeschlagene Eiermischung hineingeben und so lange unter ständigem Rühren sanft garen, bis die Eimasse gerade stockt. Das zerdrückte Eigelb und die Schnittlauchröllchen unter das Rührei mischen und damit die Eier füllen. Die Eier mit etwas Kaviar garniert servieren und gebuttertes Toastbrot dazu reichen.

Schottisches Rührei

Fortnum & Mason verwendet nicht nur eine eigene Beize, sondern räuchert den Lachs auch selbst, und zwar auf dem Hausdach neben den eigenen Bienenstöcken. Verwendet werden dafür ausschließlich Bio- und Wildlachsarten. Mit etwas weichem, buttrigem Rührei serviert, wird daraus ein einfaches und zugleich himmlisches Gericht.

Für 4 Personen

80 ml süße Sahne
40 g Butter plus Butter zum Streichen des Toastbrots
Salz und frisch gemahlener weißer Pfeffer
8 braune Bioeier, leicht verquirlt
250 g geräucherter Lachs
1 EL klein gehackter Schnittlauch, zum Garnieren
4 Scheiben Sauerteigbrot, getoastet
4 Zitronenviertel, zum Servieren

Die Sahne in einem Schmortopf aufkochen und dann die Butter dazugeben und erhitzen, bis sie schäumt. Mit Salz und Pfeffer würzen, die Temperatur auf eine niedrige Stufe zurückschalten, die verquirlten Eier dazugeben und mit einem Holzspatel verrühren, bis sie gerade beginnen zu stocken. Damit das Rührei nicht zu trocken wird, sollte man den Topf bereits 1 Minute vor der Fertigstellung vom Herd nehmen.

Den geräucherten Lachs in Form kleiner Nester auf vier Tellern anrichten, das Rührei in die Mitte der Nester geben und mit Schnittlauch bestreuen. Zum Servieren gebutterten Toast und Zitronenviertel dazu reichen.

Kedgeree-Reispfanne mit geräuchertem Schellfisch

Ein kulinarisches Kind der Liebe des Britischen Empire, denn dieses angloindische Gericht ist dem indischen »Khichri« entlehnt, einer Mischung aus Reis, Linsen, Kräutern und Gewürzen. Generäle mit Backenbärten und adlige Kolonialherren fanden Geschmack an diesem Gericht und gaben ihm nach ihrer Rückkehr ins Vaterland einen englischen Touch und den Namen »Kedgeree«, indem sie die Linsen durch geräucherten Fisch ersetzten und hart gekochte Eier hinzufügten.

Fortnum & Mason leistete immer schon Pionierarbeit, was Gewürze betraf, und war eines der ersten Britischen Häuser, die ab 1849 eine eigene Currymischung herstellten. Ein Teil der Fortnum-Familie war Mitglied der britischen Ostindien-Kompanie, daher hatte Fortnum & Mason sogar Currysaucen in Flaschen im Angebot.

Durch dieses Rezept weht ein Hauch Kardamom und Koriander und Kokosmilch verleiht ihm eine tropische Note. Die Eier sollten weich gekocht sein und das Curryaroma nicht allzu viel Schärfe beisteuern.

Für 4 Personen

2 EL Pflanzenöl
2 Schalotten, fein gewürfelt
4 Knoblauchzehen, zerdrückt
4 Kardamomkapseln
1 TL Koriandersamen
1 EL mittelscharfes Currypulver
250 g Basmatireis
50 g helle Rosinen
200 ml Kokosmilch
250 ml Hühnerbrühe
400 g geräucherter Schellfisch
6 Eier
200 ml Crème fraîche
4 EL klein gehackter Koriander
Salz und frisch gemahlener schwarzer Pfeffer

Das Pflanzenöl in einem Schmortopf erhitzen und die Schalotten und den Knoblauch darin zugedeckt glasig schwitzen. Die Kardamomkapseln öffnen, die Samen mit den Koriandersamen im Mörser leicht zerstoßen und danach mit dem Currypulver in den Topf geben, um alles weitere 5–10 Minuten anzuschwitzen, bis die Schalotten weich sind.

Den Reis in einem Sieb unter fließend kaltem Wasser abspülen, gut abtropfen lassen und im Schmortopf unter die Gewürzmischung rühren. Die Rosinen untermischen. Die Kokosmilch mit der Brühe zusammen über den Reis gießen und aufkochen. Den Topf mit einem Deckel oder mit Alufolie gut abdecken und die Reismischung in einem auf 180 °C (Gas Stufe 4) vorgeheizten Backofen 20 Minuten garen, bis der Reis die Flüssigkeit aufgenommen hat und gar ist. Den Topf aus dem Ofen nehmen, den Reis mit einer Gabel etwas auflockern und mit Salz und Pfeffer abschmecken.

Parallel den Schellfisch pochieren und dafür den Fisch in eine Pfanne geben, Wasser dazugeben, bis der Fisch gerade bedeckt ist, und das Wasser aufkochen. Ist der Fisch noch nicht gar, den Fisch wenden und 1 weitere Minute im heißen Wasser ziehen lassen. Anschließend den Fisch gründlich abtropfen und etwas abkühlen lassen. Den Fisch in kleine Stückchen zupfen und dabei Haut und etwaige Gräten entfernen.

Die Eier 4 Minuten in kochendem Wasser weich garen und anschließend sofort unter kaltem Wasser abschrecken. Die kalten Eier pellen, halbieren oder vierteln und beiseitestellen.

Die Crème fraîche in einem Topf aufkochen und den Schellfisch darin ein paar Minuten erhitzen. Anschließend den Fisch und die Sahne mit einer Gabel unter den Reis heben.

In individuellen tiefen Tellern oder in einer großen Schüssel, garniert mit den weich gekochten Eiern und dem frischen Koriander, servieren.

Geröstete Crumpets mit Marmite und pochierten Eiern

Dieses Gericht mit den kleinen, dicken Pfannkuchen wurde zur Eröffnung des 45-Jermyn-St.-Restaurants kreiert und hat eine Debatte darüber ausgelöst, wer diese typisch englische Kombination aus Butter, Pfannkuchen, Marmite und weichen Eiern ursprünglich erfunden hat. Doch wer auch immer es war, er hat einen Orden verdient. Einfach und köstlich beziehungsweise einfach köstlich!

Für 2 Personen

50 ml Weißweinessig
4 Crumpets (kleine, dicke Pfannkuchen aus Hefeteig, Rezept Seite 66, alternativ Muffins toasten)
4 braune Bioeier, auf Raumtemperatur erwärmt
Butter
Marmite (britische Würzpaste aus Hefeextrakt)
frisch gemahlener schwarzer Pfeffer

In einem großen Topf Wasser bis zum Siedepunkt erhitzen. Die Temperatur ein wenig reduzieren, damit das Wasser nicht sprudelnd kocht, und den Essig hineingeben.

Die Crumpets oder Muffins in einem Toaster zweimal rösten, bis sie ein wenig knusprig sind.

Die Eier über individuellen kleinen Tassen aufschlagen, um sie gleichzeitig pochieren zu können. Das Wasser mit einem Schaumlöffel rühren, bis in der Mitte ein Strudel entsteht, und dann die 4 Eier behutsam hineingeben. Die Temperatur wieder erhöhen, damit das Wasser leicht köchelt, und die Eier darin 3–4 Minuten pochieren beziehungsweise bis sie an die Wasseroberfläche steigen. Die pochierten Eier mit dem Schaumlöffel herausheben und auf mehreren Lagen Küchenkrepp trocknen lassen.

Die Crumpets großzügig erst mit Butter und dann mit Marmite bestreichen. Jeweils zwei Crumpets auf einen Teller geben, die pochierten Eier darauf verteilen und mit etwas schwarzem Pfeffer bestreuen.

Hummer Benedict

Als seien die klassischen Eier Benedict nicht schon köstlich genug, wird in diesem Rezept der Schinken auch noch durch Hummer ersetzt. Keine Angst, die Sauce béarnaise gelingt mit einer Glasschüssel, niedriger Temperatur und etwas Selbstbewusstsein spielend. Der Hummer sollte nur fast gar sein, denn so bleibt er unter der warmen Sauce schön saftig. Das A und O sind wie immer gute Organisation und Vorbereitung. Halten Sie sämtliche Zutaten bereit, bevor Sie mit der Zubereitung beginnen.

Für 4 Personen

50 ml Weißweinessig
8 sehr frische Eier
20 g Butter
400 g Spinat
4 helle Muffins
350 g vorgegarter Hummer, in Scheiben geschnitten
Salz und frisch gemahlener schwarzer Pfeffer

Für die Sauce béarnaise
200 g Butter
1 Schalotte, fein gehackt
50 ml Weißweinessig
50 ml Weißwein
5 schwarze Pfefferkörner
4 Zweige Estragon
3 große Eigelb
1 Prise Cayennepfeffer
2–3 TL Zitronensaft

Für die Sauce béarnaise die Butter klären. Die Butter in einem kleinen Topf sanft zerlassen und dann durch ein Sieb in ein Kännchen gießen, um die weißen, festen Bestandteile zu entfernen. In einem kleinen Stieltopf Schalotten, Essig, Wein, Pfefferkörner und einen Estragonzweig einkochen, bis etwa das Volumen eines Esslöffels übrig bleibt.

Die Sauce in eine große Glasschüssel abseihen und diese so über einen Topf mit kochendem Wasser hängen, dass der Boden der Schüssel nicht mit dem Wasser in Berührung kommt. Das Eigelb dazugeben und etwa 3 Minuten mit dem Schneebesen unterrühren, bis die Mischung blassgelb und ein wenig dickflüssig wird.

Die geklärte Butter kurz in der Mikrowelle erneut erhitzen, bis sie lauwarm ist, und sie dann nach und nach mit dem Schneebesen in die Eigelbmischung einrühren, bis die Sauce eindickt und glatt wird. Die Sauce mit etwas Salz, Cayennepfeffer und Zitronensaft abschmecken. Sollte sie zu fest geworden sein, einfach mit etwas warmem Wasser wieder auflösen, denn das Endergebnis soll eine Sauce und keine Mayonnaise sein. Die restlichen Estragonblätter klein hacken und unter die Sauce mischen. Den Herd ausschalten, die Sauce jedoch zum Warmhalten noch in der Schüssel über dem Wasserbad belassen.

Zum Pochieren der Eier in einem großen Topf Wasser bis zum Siedepunkt erhitzen. Die Temperatur ein wenig reduzieren, damit das Wasser nicht sprudelnd kocht, und den Essig hineingeben. 4 Eier über individuellen kleinen Tassen aufschlagen, um sie gleichzeitig pochieren zu können. Das Wasser mit einem Schaumlöffel rühren, bis in der Mitte ein Strudel entsteht, und dann die 4 Eier behutsam hineingeben. Die Temperatur wieder erhöhen, damit das Wasser leicht köchelt, und die Eier darin 3–4 Minuten pochieren beziehungsweise bis sie an die Wasseroberfläche steigen. Die pochierten Eier mit dem Schaumlöffel herausheben und auf mehreren Lagen Küchenkrepp trocknen lassen. Die restlichen 4 Eier ebenso pochieren.

In einer großen Pfanne die Butter zerlassen, den Spinat hineingeben und mit etwas Salz und Pfeffer würzen. Den Spinat bei mittlerer Temperatur 2–3 Minuten rühren, bis er zusammenfällt. Den Spinat in ein Sieb geben und die überschüssige Flüssigkeit mit der Unterseite eines Holzlöffels herausdrücken.

Die Muffins aufschneiden und toasten. Jeweils zwei Muffinhälften auf einen Teller legen und mit Spinat, Hummer und einem pochierten Ei belegen. Mit einem Löffel die Sauce béarnaise darübergeben und servieren.

Baked Beans mit Chorizo

Fortnum & Mason verwendet für dieses Rezept die gebackenen Bohnen der Firma Heinz. Kein Grund, geschockt zu sein, denn tatsächlich verkauften sie 1886 als erstes Warenhaus in ganz England Mr Heinz' berühmte Baked-Beans-Dosen. 2007 gab es zum 300. Geburtstag von Fortnum & Mason sogar eine Sonderedition der Dosen in der hauseigenen blassgrünen Farbe »Eau de Nil«. Ein perfektes Gericht für ein Sonntagsfrühstück oder ein gemütliches Abendessen. Dank Schalotten, Butter, Chorizo, Petersilie und Parmesan wird hier etwas Alltägliches zu etwas Besonderem.

Vor allem, wenn man dazu französisches Baguette reicht. Nach Geschmack kann die Chorizo durch klein gewürfelten, saftigen Schinken oder als vegetarische Variante durch gebratene Zucchinistreifen ersetzt werden.

Für 2 Personen

1 EL Olivenöl
1 kleine Schalotte, fein gewürfelt
120 g Chorizo-Wurst, in 5 mm dicke Scheiben geschnitten
1 Dose (415 g) Baked Beans
30 g Butter, gewürfelt
1 EL klein gehackte Petersilie
20 g frisch geriebener Parmesankäse

Das Öl in einer Bratpfanne erhitzen und die Schalotten darin weich und glasig schwitzen. Die Chorizo dazugeben und so lange braten, bis sie karamellisiert und ein wenig knusprig wird.

Die Baked Beans in einem separaten Topf erwärmen, nach und nach die Butterstückchen unterrühren. Danach die Schalotten und den Bratensaft aus der Pfanne dazugeben. Zum Schluss die Petersilie und den Parmesan untermischen.

Die Bohnen auf zwei tiefe Teller verteilen und mit der Chorizo garnieren.

Rührei mit Garnelen

Ein Gericht aus den Archiven. Mitte der 1950er-Jahre war es eine beliebte Vorspeise und wurde per Katalog für das Catering im Freien angepriesen. Rührei mit Garnelen und einer Hummercremesuppe, die das Gericht besonders üppig macht. Es müssen hier gar nicht die großen Tigergarnelen sein, denn auch die kleinen rosafarbenen Nordseekrabben passen hervorragend zum Rührei.

Für dieses Gericht reicht eine kleine Menge Hummercremesuppe, doch sie lässt sich gut einfrieren, um damit vielerlei Fischsuppen und Risottos aufzuwerten. Für die Zubereitung lassen sich beispielsweise die Schalen vom Hummer-Benedict-Rezept auf Seite 33 verwenden.

Für 4 Personen

25 g Butter
400 g geschälte Kaltwassergarnelen
8 braune Bioeier, leicht verquirlt
2 EL klein gehackter Schnittlauch
2 EL klein gehackter Kerbel
4 Scheiben Weißbrot, Rinde entfernt
3 EL Pflanzenöl
Salz und frisch gemahlener schwarzer Pfeffer

Für die Hummercremesuppe
etwa 500 g Hummerschalen
4 EL Olivenöl
1 Möhre, gewürfelt
2 Stangen Staudensellerie
1 Stange Lauch, gewürfelt
1 Zwiebel, gewürfelt
4 Zweige Thymian
2 Lorbeerblätter
1 EL Tomatenmark
50 ml Cognac
150 ml Weißwein
50 ml süße Sahne

Für die Hummercremesuppe die Schalen in kleinere Stücke brechen (große Stücke mit einem Hammer zerschlagen), auf einem Backblech verteilen, mit etwas Olivenöl beträufeln und im auf 200 °C (Gas Stufe 6) vorgeheizten Backofen 10–15 Minuten rösten. Dies ist zwar nicht unbedingt erforderlich, verbessert aber den Geschmack der Suppe.

Das restliche Öl in einem großen Topf erhitzen und Möhren, Sellerie, Lauch und Zwiebeln darin weich schwitzen, ohne dass sie Farbe annehmen. Die Hummerschalen, den Thymian, die Lorbeerblätter und das Tomatenmark dazugeben und alles unter ständigem Rühren ein paar Minuten garen, bis sich das Tomatenmark rötlich braun färbt. Den Cognac darübergießen, ein paar Sekunden erhitzen und dann mit Abstand zum Topf den Cognac entzünden. Sobald die Flammen erloschen sind, den Weißwein dazugeben und so lange köcheln lassen, bis er um die Hälfte reduziert ist. Die Zutaten mit Wasser auffüllen, bis sie gerade bedeckt sind, das Wasser aufkochen und die Suppe 1 Stunde köcheln lassen, dabei immer wieder den Schaum von der Oberfläche entfernen. Die Suppe anschließend durch ein mit einem Passiertuch ausgelegtes Sieb abseihen, erneut erwärmen, mit Salz und Pfeffer abschmecken und die Sahne unterrühren.

In einem Stieltopf die Butter erhitzen und die Garnelen darin mit etwas Salz 2–3 Minuten anbraten, bis sie heiß, aber nicht gebräunt sind. 3 EL der Hummercremesuppe dazugeben und diese ein wenig reduzieren. Die verquirlten Eier dazugeben und bei sehr niedriger Temperatur so lange rühren, bis sie gerade stocken. Das Rührei keineswegs zu fest werden lassen, es sollte am Ende immer noch *baveuse* (weich und feucht) sein. Zum Schluss die Kräuter untermischen und noch einmal abschmecken.

Das Brot im Pflanzenöl von beiden Seiten goldbraun rösten und danach auf Küchenkrepp abtropfen lassen. Die Brotscheiben auf vier Teller legen, das Rührei darauf verteilen und jeweils 2 TL Hummercremesuppe außen herum träufeln.

Avocado auf geröstetem Sauerteigbrot mit Bloody-Mary-Sauce

Früher besaß Fortnum & Mason ein eigenes Pflanzenjäger-Team, das die ganze Welt nach neuen grünen, aufregenden Dingen durchforstete. Quasi Indiana Jones mit Gartenschere statt Peitsche. Man zollte diesen Jägern so großen Respekt, dass sie auf der Weltausstellung 1851 sogar eine Goldmedaille gewannen.

Hier ein klassisches Rezept, das durch Fortnums eigene, mit Wodka versetzte Bloody-Mary-Sauce einen besonders pikanten Kick bekommt. Eine brillante Idee, wobei man natürlich den Alkohol weglassen kann oder eine doppelte Bloody Mary zubereitet, um sich nebenher einen zu genehmigen und den Tag mit einem Knall zu beginnen.

Für 2 Personen

2 reife Avocados
Saft von einer ½ kleinen Limette
½ rote Chilischote, entkernt und sehr fein gewürfelt
2 EL klein gehackte glatte Petersilie
2 große Scheiben Sauerteigbrot, getoastet
Salz und frisch gemahlener schwarzer Pfeffer

Für die Bloody-Mary-Sauce
50 ml Wodka
15 ml Zitronensaft
½–1 TL Sahnemeerrettich
4 Spritzer Worcestershiresauce
4 Tropfen Tabascosauce
75 ml Tomatensaft
je 1 Prise Salz und Pfeffer

Für die Bloody-Mary-Sauce sämtliche Zutaten in einem Kännchen miteinander vermischen, abschmecken, eventuell nachwürzen und beiseitestellen.

Die Avocados halbieren und schälen, die Steine entfernen und das Fruchtfleisch in kleine Würfel schneiden. Die Würfel in einer Schüssel mit dem Limettensaft, dem Chili und Salz und Pfeffer nach Geschmack anmachen und zum Schluss die Petersilie untermischen.

Die Avocadomischung auf zwei Teller aufteilen, mit der Bloody-Mary-Sauce beträufeln und etwas Sauce außen herum geben. Sofort servieren und den Toast dazu reichen.

Marmelade

Jemand hat einmal gesagt, dass Orangenmarmelade zum Frühstück den gleichen Effekt auf die Geschmacksnerven habe wie eine kalte Dusche auf den Körper. Marmelade belebt und erfrischt und schärft dank der exquisit bitteren Note unsere Sinne. Fortnum & Mason bietet eine erstaunliche Auswahl von 25 unterschiedlichen Sorten an, von der eleganten und milden Orangenmarmelade (Burlington Breakfast mit dünn geschnittener Schale und einem blassgoldenen Gelee) bis hin zur intensiven und kräftigen Sir Nigel's Vintage Orange, einer dunklen, bitteren Marmelade mit größeren Schalenstückchen, die in den 1920er-Jahren für den Schauspieler und Intendanten Sir Nigel Playfair kreiert wurde.

Zwischen diesen beiden Extremen gibt es eine ganze Bandbreite verschiedener Orangenmarmeladen: Old Hunt mit mitteldünn geschnittener Schale, Monarch mit kräftigem, vollmundigem Geschmack, Dark Navy mit Rum oder English Breakfast, bei der die Orangenschale in Royal-Blend-Tee eingelegt wurde. In der köstlich-diabolischen Lucifer's finden sich sogar Chili- und Ingweraromen. Und dann gibt es ja noch eine Vielzahl von Marmeladen auf der Basis von Blutorangen, rosa Grapefruit und Limetten.

»Marmelada« war der portugiesische Name für eine feste Quittenpaste, die wohlhabende englische Kaufleute im 15. Jahrhundert importierten. Diese festen, auch aus Zitronen und Sevilla-Orangen hergestellten Marmeladen wurden entweder als Medizin oder in Scheiben geschnitten als süßes Konfekt gegessen. Mit der Zeit wurde das Gelee weniger fest und damit streichbarer, um so im 18. Jahrhundert den Weg auf unseren Frühstückstoast zu finden.

Fortnum & Mason ist übrigens Sponsor der *World's Original Marmalade Awards* für Amateure und Profis, die seit 2006 im Dalemain Mansion in Cumbria vergeben werden. Jedes Jahr werden dort Hunderte Marmeladengläser eingereicht und die »Best in Show« werden anschließend im hauseigenen Laden vertrieben. Gewonnen haben bereits traditionelle Familienrezepte (Lord Henley, 2011), aber auch ausgefallene Varianten wie die Radnor Preserves Smoky Campfire (Sieger 2015), für die verschiedene Orangensorten, geräuchertes Salz, Chiliflocken und Ahornsirup verwendet wurden. Ein verdienter Sieg, auch wenn diese Marmelade nichts mehr mit der einstigen Quittenpaste gemein hat.

Und tatsächlich ist fast nichts so britisch wie warmes Toastbrot, das mit kalter Butter und einer dicken Schicht Orangenmarmelade bestrichen wird. Als Kind habe ich dieses Zeug mit dem viel zu bitteren Geschmack des Erwachsenwerdens gehasst. Doch genau wie bei Oliven, Anchovis oder eingelegten Zwiebeln verwandelt sich auch die Abneigung gegen Orangenmarmelade mit den Jahren hin zum freudigen Genuss. Orangenmarmelade gilt mit Fug und Recht als beliebte Zutat vieler Rezepte – über dampfende Puddings geträufelt, in Teekuchen oder zu Würstchen serviert. Letzteres ist eine geradezu göttliche Kombination, denn die süßen, salzigen und bitteren Aromen vereinen sich zu einem perfekten Frühstück.

Ich selbst habe es beim Einkochen nie zu irgendeiner Meisterschaft gebracht, denn meine Küche war am Ende stets ziemlich klebrig und die Orangenmarmelade entweder zu flüssig oder zu fest. Zum Glück lässt ja die Auswahl bei Fortnum & Mason keine Wünsche offen.

Bratwurst, überzogen mit Orangenmarmelade

Die Kombination klingt vielleicht ungewöhnlich, aber das süßliche Schweinefleisch harmoniert hervorragend mit dem bitteren Orangengeschmack. Fortnum & Mason verkaufte zwar Zucker und Sevilla-Orangen (und warb jeden Januar in der *The Times* mit der ersten Lieferung der begehrten Orangen), stellte aber in England keine eigene Orangenmarmelade her. Ab 1849 kochte man allerdings eigene Marmelade, um sie nach Übersee an all Auswanderer zu verschicken, die sich nach dem Geschmack der Heimat sehnten.

Mit fortschreitender Technisierung nahm die Marmeladenproduktion bei Fortnum & Mason ab den 1920er-Jahren gehörig an Fahrt auf, mit dem Ergebnis, dass viele dieser Marmeladen bis heute berühmt sind. Das Rezept für die Burlington-Marmelade stammt aus dem 19. Jahrhundert, gefolgt von der Old English Hunt, die für die Pytchley-Jagd kreiert wurde. Die bitterste und intensiv schmeckende Orangenmarmelade mit dicken Schalenstücken, die wie kleine Locken aussehen, wurde jedoch 1926 dem großen Schauspieler und Intendanten Sir Nigel Playfair gewidmet und ist bis heute ein Bestseller geblieben.

Die Wurst sollte bei mittlerer Temperatur langsam gebraten und gelegentlich gewendet werden, bis ihre Haut bräunt und karamellisiert.

Für 2–3 Personen

1 Cumberland-Wurstring (Bratwurstschnecke mit Schweinebrät)
1 EL Pflanzenöl
1 gehäufter EL dunkle, grobe Orangenmarmelade
1 nussgroßes Stück Butter

Den Wurstring mithilfe von zwei langen Holzspießen fixieren.

In einer Bratpfanne das Öl auf mittlere Temperatur erhitzen und die Wurst darin etwa 25 Minuten braten, bis sie gar und von beiden Seiten gut gebräunt ist.

Überschüssiges Öl aus der Pfanne abgießen, die Pfanne zurück auf den Herd stellen und erst die Orangenmarmelade und dann die Butter unterrühren, bis die Wurst von der Butter überzogen ist. Die Wurst auf einen Servierteller geben, die Holzspieße entfernen und die restliche Orangensauce darübergeben. Wer möchte, reicht dazu noch etwas extra Orangenmarmelade.

Griechischer Joghurt mit Granola-Müsli und Limettenmarmelade

Der Schlüssel dieses Rezepts ist das selbst gemachte Granola – jede Menge energiehaltige Nüsse, Mandelsplitter, Orangenschale, Demerara-Zucker, Honig und Golden Syrup. Eine wunderbar ausgewogen süßsäuerliche Mischung für Erwachsene, die sich luftdicht verschlossen mühelos 3–4 Wochen aufbewahren lässt, daher sollte man gleich eine größere Menge davon herstellen. Das Granola nach Geschmack durch getrocknetes oder frisches Obst ergänzen und die Limettenmarmelade auch mal durch ein Obstkompott, rote Konfitüre, Milch oder Sahne ersetzen.

Für 4 Personen, wobei vom Granola sicherlich noch etwas übrig bleibt

300 g griechischer Joghurt
4 gehäufte EL Limettenmarmelade

Für das Granola
55 g Butter
60 g Honig
25 g Golden Syrup (Zuckersirup)
85 g Demerara-Zucker
1 TL Vanilleextrakt
25 g Haselnüsse, grob zerstoßen
75 g Pekannüsse, grob zerstoßen
35 g Pistazien
50 g Mandelblättchen
70 g Sonnenblumenkerne
30 g Kokosraspeln
125 g Haferflocken
Schalenabrieb von 2 Orangen

In einem Topf Butter, Honig, Golden Syrup und Zucker auf niedriger Stufe zerlassen. Den Topf vom Herd nehmen und den Vanilleextrakt unterrühren.

In einer Schüssel die trockenen Zutaten miteinander vermischen und dann die Orangenschale und den Sirup unterrühren, bis alles vom Sirup überzogen ist. Die Granola-Mischung auf einem mit Backpapier ausgelegten Backblech verteilen und im auf 150 °C (Gas Stufe 2) vorgeheizten Backofen 50–60 Minuten rösten. In dieser Zeit die Mischung etwa alle 15 Minuten wenden, bis die Zutaten goldbraun und knusprig sind. Das fertige Granola-Müsli vollständig abkühlen lassen und luftdicht verschlossen aufbewahren.

Zum Servieren den griechischen Joghurt auf vier Glasschalen verteilen, mit der Limettenmarmelade garnieren und jeweils ein paar Löffel von der Granola-Müslimischung darüberstreuen.

Schottische Pfannkuchen mit Orangenmarmelade

Dank der Buttermilch sind diese Pfannkuchen so luftig-leicht wie kleine Wölkchen, sodass man am liebsten den ganzen Stapel essen würde. Bei Fortnum & Mason wird Orangenmarmelade dazu gereicht, während sie zumindest in den USA traditionell eher mit Schinken und Ahornsirup gegessen werden.

Ergibt etwa 20 Stück

250 g Weizenmehl
2 TL Natron oder Speisesoda
2 TL Zucker
1 TL Salz
2 Eier
500 ml Buttermilch
100 g Butter, zerlassen, plus Butter zum Einfetten der Pfanne
Orangenmarmelade, zum Servieren

Mehl, Natron, Zucker und Salz in eine Backschüssel sieben und in die Mitte eine Mulde drücken. 1 Ei und 1 Eigelb hineingeben und mit einem Holzlöffel langsam das Mehl vom Rand unterrühren. Nach und nach die Buttermilch und die zerlassene Butter unterrühren. In einer zweiten Schüssel das restliche Eiweiß steif schlagen und zum Schluss unter den Teig heben.

Eine große, schwere Schmorpfanne oder eine flache Grillpfanne auf mittlere Temperatur erhitzen und mit ein wenig Butter einfetten. Jeweils eine kleine Kelle Teig pro Pfannkuchen in die Pfanne geben undzwei bis drei Pfannkuchen gleichzeitig ausbacken. Die Pfannkuchen etwa 3 Minuten backen, bis die Unterseite goldbraun und der Rand trocken ist. Danach die Pfannkuchen wenden und nach dem Backen eventuell im vorgewärmten Backofen warm halten. Zum Servieren die Pfannkuchen mit Orangenmarmelade und nach Geschmack auch mit Butter bestreichen.

Schinken mit Orangenmarmeladenglasur und gebratenen Enteneiern

Schinken trifft auf Sevilla-Orangen. Nicht jeder hat Zeit, seinen Schinken zu glasieren, auch wenn es wirklich einfach ist. Den Schinkenbraten köcheln lassen, rundherum dick mit klebriger Orangenmarmelade bestreichen (vorzugsweise Sir Nigel's wegen des kräftig säuerlichen Geschmacks) und den Schinken im Backofen garen. Enteneier sind köstlich, lassen sich aber auch durch Hühnereier ersetzen. Dazu ein Löffel Rote-Bete-Chutney oder ein anderes Chutney reichen.

Für 4 Personen
(wobei Schinken übrig bleibt)

1–2 kg Schinkenkeule
ein paar Nelken, um den Schinken zu spicken
4 Enteneier
1 walnussgroßes Stück Butter zum Braten
frisch gemahlener schwarzer Pfeffer

Für die Marmeladenglasur
4 gehäufte EL grobe Orangenmarmelade
½ TL Zimt
1 Prise Nelkenpulver
25 g weicher brauner Zucker

Den Schinken in einem großen Topf mit kaltem Wasser bedecken. Das Wasser aufkochen, den Schinken herausnehmen, abtropfen lassen, in den Topf zurückgeben und erneut mit kaltem Wasser bedecken. Das Wasser aufkochen und den Schinken 1 Stunde sanft köcheln lassen. Anschließend den Schinken wieder gut abtropfen lassen, auf ein Backblech legen und im auf 180 °C (Gas Stufe 4) vorgeheizten Backofen 30 Minuten garen. Parallel die Zutaten für die Glasur miteinander vermischen. Den Schinken aus dem Ofen nehmen, mit einem kleinen scharfen Messer die Schwarte entfernen, dabei aber eine nicht zu dünne Fettschicht belassen. Das Fett kreuzweise einritzen und die Nelken in die Rechtecke spicken. Den Schinken großzügig mit der Marmeladenglasur bestreichen und weitere 30 Minuten im Backofen garen. Zwischendurch immer wieder mit der herabgelaufenen Glasur beträufeln, bis der Schinken golden glänzt.

Den Schinken 10 Minuten ruhen lassen und in dieser Zeit die Enteneier in der Butter ausbraten (je niedriger die Temperatur, desto weißer und weicher wird das Eiweiß). Den Schinken in Scheiben schneiden und vier Portionen anrichten. Den Schinken mit je 1 Ei garnieren, etwas frisch gemahlenen schwarzen Pfeffer darüberstreuen und getoastetes Sauerteig- oder Körnerbrot dazu reichen.

Morning Tea

»Ein Tee, der das Gemüt fröhlich stimmt«

Tee und Gebäck gehören seit jeher zusammen – als britische Tradition und natürlich bei Fortnum & Mason. Das Warenhaus stellte von Anfang an Gebäck selbst her, das ursprünglich vor allem als wichtiger Exportschlager galt. Zucker und Fett waren für jene, die sich auf die Suche nach der Nordwestpassage begaben oder die schnellste Route auf den K2 entdecken wollten, lebenswichtig. In der Heimat hatte man hingegen keinen Bedarf an fertigem Gebäck (mit Ausnahme einiger neumodischer französischer Törtchen), denn dafür hatte man ja schließlich eine Köchin.

Ab den 1920er- und 30er-Jahren wurden bei Fortnum & Mason jedoch jeden Tag frische Plätzchen gebacken, die neben Obst und Schokolade an der Kuchentheke verkauft wurden, denn mittlerweile schauten die Menschen gerne schon morgens auf eine Tasse Tee und etwas Gebäck vorbei. Bis heute sind diese Plätzchen äußerst beliebt, ob mit Pistazien und Doppelrahm oder mit dunkler Schokolade und Macadamianüssen bis hin zu den berühmten Chocolossus-Biskuits.

»DIE WILDEN VIERZIGER«

(Natürlich hätten wir uns niemals angemaßt, wild zu sein.)

Der berühmteste TEE-AUSSCHANK der Welt

Ingwerplätzchen

Diese Plätzchen haben Biss. Die feurige Note der Ingwerwurzel kommt hier wunderbar zur Geltung, da gemahlener und kandierter Ingwer in Kombination mit dem Demerara-Zucker für einen einzigartigen Geschmack sorgt. Mögen die Plätzchen auch klein sein, ihr Genuss ist jedenfalls riesig.

Ergibt etwa 35 Stück

135 g Butter
135 g Golden Syrup (Zuckersirup)
300 g Weizenmehl
4 TL Backpulver
1,5 TL Backnatron
2 EL gemahlener Ingwer
105 g Demerara-Zucker
2 nussgroße Stücke kandierter Ingwer

Den Golden Syrup mit der Butter so lange in einem kleinen Topf erhitzen, bis die Butter geschmolzen ist. Mehl, Backpulver, Natron und gemahlenen Ingwer in eine Backschüssel sieben, den Zucker untermischen, in die Mitte eine Mulde drücken und ein Stück kandierten Ingwer (je nach Geschmack fein oder grob) darüberreiben. Die Sirupmischung darübergießen und die Zutaten zu einem Teig verrühren.

Nussgroße Stücke Teig abbrechen, zu Kugeln rollen und diese im Abstand von 6 cm auf einem mit Backpapier ausgelegten Backblech verteilen. Die Kugeln ein wenig flach drücken.

Das zweite Ingwerstück in sehr feine Würfel schneiden und in die Mitte jedes Plätzchens einen Ingwerwürfel drücken. Die Plätzchen im auf 160 °C (Gas Stufe 3) vorgeheizten Backofen etwa 8 Minuten goldbraun backen. Die fertigen Plätzchen ein paar Minuten auf dem Backblech ruhen lassen, bis sie fest werden, und dann auf einem Kuchenrost vollständig abkühlen lassen.

Anmerkung: Der Kuchenteig lässt sich in Klarsichtfolie gewickelt wunderbar einfrieren und bei Bedarf schnell auftauen und ausbacken.

Florentiner

Obwohl ihr Name italienisch klingt, sind die kleinen, klebrigen, süßen Kreationen aus Mandeln und kandierten Früchten eher in der französischen Patisserie beheimatet. »Ein außergewöhnlich köstliches Naschwerk« nannte sie Fortnum & Masons ehemaliger Küchenchef Jean Conil.

Diese Florentiner unterscheiden sich etwas vom klassischen Rezept, da hier die Honigkaramellmischung auf einen Teigboden aufgetragen wird und reichlich süße Sahne dafür sorgt, dass das Karamell unter der knusprigen Kruste aus getrockneten Früchten und Nüssen weich bleibt.

Ergibt 20 Stück

½ Menge süßer Teig (siehe Seite 248)
50 ml süße Sahne
40 g Honig
40 g Butter
20 g Glukosesirup
115 g Zucker
85 g getrocknete Früchte, z. B. Rosinen, Aprikosen und geviertelte kandierte Kirschen
120 g Mandelblättchen
20 g Pistazien, klein gehackt

Den Teig 4 mm dick ausrollen und damit ein tiefes, etwa 30 cm × 24 cm großes Backblech auslegen. Den Teig überall mit einer Gabel einstechen und 30 Minuten kalt stellen. Anschließend den Teigboden im auf 170 °C (Gas Stufe 4) vorgeheizten Backofen etwa 10 Minuten backen, bis er ein ganz klein wenig Farbe bekommt.

In der Zwischenzeit Sahne, Honig, Butter, Glukosesirup und Zucker in einem Schmortopf unter ständigem Rühren aufkochen. Den Topf vom Herd nehmen und die klein gehackten, getrockneten Früchte und Mandelblättchen unterheben, alles vorsichtig über den Teig gießen und glatt streichen. Die Backofentemperatur auf 160 °C (Gas Stufe 3) reduzieren und die Florentiner 15–20 Minuten goldbraun backen.

Die Florentiner in fingergroße Stücke schneiden, sobald sie obenauf fest, aber noch warm sind.

Shortbread

Das einst in den Räumen von Fortnum & Mason hergestellte Shortbread ist immer noch ein ganzjähriger Verkaufsschlager, da man Butter anstelle minderwertiger Margarine verwendet, um diesen ultimativen Crumble zu erzeugen. Hier sorgt 1 EL Haferflocken für etwas mehr Biss.

Butter und Zucker blass und schaumig aufschlagen. Das Mehl durch ein Sieb dazugeben, die Haferflocken untermischen, bis ein fester Teig entsteht. Den Teig in Küchenfolie gewickelt 30 Minuten im Kühlschrank ruhen lassen.

Ergibt 10 Stück

120 g weiche Butter
70 g Zucker plus etwas mehr zum Bestauben
165 g Weizenmehl
15 g feine Haferflocken

Den Teig 1 cm dick ausrollen und mit einem 6 cm großen, runden Ausstecher Kreise ausstechen. Die Kekse auf einem mit Backpapier ausgelegten Backblech verteilen und erneut für 30 Minuten kalt stellen.

Die Shortbreads anschließend im auf 160 °C (Gas Stufe 3) vorgeheizten Backofen 8–10 Minuten backen, bis sie ganz leicht bräunen. Die Shortbreads aus dem Ofen nahmen, sofort mit etwas Zucker bestauben und danach abkühlen lassen.

Teeküchlein

Diese fruchtigen Teeküchlein schmecken am besten getoastet und mit Butter und Konfitüre bestrichen. Das Rezept ist für hübsche kleine, mundgerechte Küchlein gedacht, wer größere Stücke bevorzugt, formt einfach größere Teigkugeln.

Ergibt 22 kleine Teeküchlein

500 g Weizenmehl
7 g Salz
50 g Zucker
15 g Milchpulver
10 g Trockenhefe
50 g weiche Butter, gewürfelt
280 ml Wasser
180 g Korinthen
40 g gemischter Schalenabrieb

Mehl, Salz, Zucker, Milchpulver und Trockenhefe in eine große Backschüssel geben. Die Butter und etwa 90 ml Wasser gut unterrühren und danach das restliche Wasser nach und nach dazugießen, bis ein recht weicher Teig entsteht. Den Teig auf einer mit ein wenig Mehl bestaubten Arbeitsfläche 8–10 Minuten kneten, bis er elastisch und glänzend wird. (Alternativ den Teig mithilfe einer Küchenmaschine kneten.) Den Teig in eine leicht geölte Schüssel geben, mit Küchenfolie abdecken und 1,5–2 Stunden gehen lassen, bis sich sein Volumen verdoppelt hat.

Den Teig erneut auf eine mit etwas Mehl bestaubte Arbeitsfläche geben, mit der Faust die Luft herausdrücken und dann die Korinthen und den Schalenabrieb in den Teig einarbeiten. Den Teig so lange kneten, bis die Zutaten wirklich gut an ihm haften, und ihn dann in 22 gleich große Stücke teilen – wer es gerne akkurat hat, sollte die Teigstücke wiegen. Die Teigstücke mit der Handfläche auf der Arbeitsplatte zu Kugeln rollen.

Die Kugeln auf zwei mit Backpapier ausgelegte Backbleche in einem Abstand von 2–3 cm zueinander verteilen und mit der Handfläche ein wenig flach drücken. Den Teig lose mit Küchenfolie oder mit Geschirrtüchern abdecken und so lange gehen lassen, bis er sein Volumen beinah verdoppelt hat.

Die Teeküchlein im auf 200 °C (Gas Stufe 6) vorgeheizten Backofen 10 Minuten goldbraun backen, danach abkühlen lassen, aufschneiden und nach Geschmack toasten. Auf jeden Fall reichlich Butter und Konfitüre dazu reichen.

Haferflockenkekse mit Erdnussbutter

Haferflocken, Golden Syrup und Erdnussbutter – mit Stückchen natürlich. Ein einfaches Rezept für bodenständige Kekse, die auch Kinder gerne backen. Es zahlt sich hier aus, wirklich hochwertige Erdnussbutter zu verwenden. Wer will, bestreicht die Kekse auch noch dünn mit Erdbeermarmelade – sozusagen als britische Variante der amerikanischen Peanutbutter-&-Jelly-Sandwiches.

Ergibt 25–30 Stück

125 g Weizenmehl
65 g weicher hellbrauner Zucker
125 g Haferflocken
½ TL Salz
125 g Butter
125 g Golden Syrup
¼ TL Backnatron
25 ml Wasser
60 g grobe Erdnussbutter

Mehl, Zucker, Haferflocken und Salz in einer Backschüssel vermischen. Die Butter mit dem Golden Syrup erwärmen, bis die Butter geschmolzen ist. Das Natron im Wasser auflösen, unter die Sirupmischung rühren und dann alles über die trockenen Zutaten gießen und so lange unterrühren, bis ein Teig entsteht. Den Teig abkühlen lassen.

Gehäufte Teelöffel Teig zu Kugeln formen und diese in großem Abstand zueinander auf mit Backpapier ausgelegten Backblechen verteilen. Die Kugeln ein wenig flach drücken und im auf 160 °C (Gas Stufe 3) vorgeheizten Backofen 10–12 Minuten goldbraun backen. Die fertigen Kekse ein paar Minuten auf den Backblechen abkühlen lassen und danach auf einem Kuchenrost vollständig auskühlen lassen.

Der Teig lässt sich gut einfrieren. Einfach den Teig zu einer Rolle formen und diese in Küchenfolie gewickelt ins Tiefkühlfach legen. Vor dem Backen die Rolle auftauen, den Teig in Scheiben schneiden und wie oben beschrieben backen.

Garibaldi Biscuits

Für Generationen englischer Kinder hießen die dünnen, nach dem großen italienischen General benannten Biscuits einfach »zerquetschte Fliegen«. 1854 stattete Garibaldi South Shields sogar einen Besuch ab, daher wurde dort 1861 das erste Rezept niedergeschrieben und von Peek Freans hergestellt. Nach diesem Rezept gebacken, schmecken die Biscuits ungewöhnlich knusprig und duften herrlich nach Orange. Je dünner der Teig ausgerollt wird, desto besser ist das Ergebnis.

Ergibt 35–40 Stück

250 g Weizenmehl
1,5 TL Backpulver
1 Prise Salz
60 g Butter, gewürfelt
40 g weicher hellbrauner Zucker
60 ml Orangensaft
20 ml Wasser
1 Ei, leicht verquirlt
250 g Rosinen, klein gehackt
1 Eiweiß, leicht aufgeschlagen
grobkörniger brauner Zucker

Mehl, Backpulver und Salz in eine Backschüssel sieben und die Butter mit den Fingerspitzen untermischen, bis feine Streusel entstehen. Den Zucker unterrühren und dann Orangensaft und Wasser untermischen, bis ein recht weicher Teig daraus wird. Den Teig in Küchenfolie gewickelt für mindestens 30 Minuten im Kühlschrank ruhen lassen.

Anschließend den Teig auf einer mit etwas Mehl bestaubten Arbeitsfläche zu einem 3–4 mm dicken Rechteck ausrollen. Die eine Hälfte des Rechtecks mit dem verquirlten Eigelb bepinseln und mit den klein gehackten Rosinen bestreuen. Die andere Teighälfte darüberfalten, die Teigränder fest zusammendrücken und das Ganze erneut 3–4 mm dick ausrollen.

Den Teig gleichmäßig mit einer Gabel einstechen, mit dem Eiweiß bepinseln, mit dem grobkörnigen Zucker bestreuen und in fingergroße Stücke schneiden. Die Biscuits auf mit Backpapier ausgelegten Backblechen verteilen und im auf 180 °C (Gas Stufe 4) vorgeheizten Backofen etwa 8 Minuten goldbraun backen.

Crumpets

Die dicken Pfannkuchen aus Hefeteig sind schnell gemacht, allerdings benötigt man dazu einige Kochringe.

Ergibt 12 Stück

275 ml Milch
1 TL Zucker
250 g Weizenmehl
1 EL Trockenhefe
½ TL Backnatron
1 TL Salz
Butter zum Ausbacken und Servieren

Milch und 55 ml Wasser in einem kleinen Stieltopf ein wenig erwärmen und dann den Zucker darin auflösen. Mehl und Trockenhefe in einer Backschüssel miteinander vermischen, die warme Milch darübergießen und alles zu einem glatten Teig verrühren. Die Schüssel mit einem Geschirrtuch abdecken und den Teig an einem warmen Ort gehen lassen, bis er schaumig wird und Blasen wirft. Das dauert manchmal nur 20 Minuten, manchmal aber auch mehr als 1 Stunde.

Backnatron und Salz in etwa 50 ml warmem Wasser (eventuell etwas mehr) auflösen und nach und nach mit einem Mixer in den Teig einrühren, bis dieser wieder glatt ist.

Ein paar Kochringe innen mit Butter einfetten. Eine große Bratpfanne oder eine flache Grillpfanne erhitzen und etwas Butter darin zerlassen. 2–3 Ringe in die Pfanne legen und mit je 1 EL Teig füllen. Die Crumpets 4–5 Minuten backen, bis erst Blasen und dann kleine Löcher auf der Oberfläche auftauchen. Die Crumpets wenden und von der anderen Seite etwa 1 Minute weiterbacken. Den restlichen Teig ebenso ausbacken und die Crumpets bis zum Servieren warm halten.

Die Crumpets warm mit viel Butter oder mit einem der vorgeschlagenen Toppings servieren.

Crumpet Toppings

Warme, saftige Crumpets mit zerlassener Butter schmecken einfach königlich. Vor allem, wenn man sie mit Mangochutney-Butter oder mit Honig-Frischkäse bestreicht. Ein hervorragendes zweites Frühstück oder einfach ein willkommener Imbiss zu jeder Tageszeit.

Honig-Frischkäse

1 EL Frischkäse
1 TL hochwertiger flüssiger Honig
etwas schwarze Sesamsaat

Frischkäse und Honig vermischen und ein warmes, getoastetes Crumpet damit bestreichen. Zum Garnieren etwas schwarzen Sesam darüberstreuen.

Orangenmarmelade und Lemon Curd

2 TL Orangenmarmelade
2 TL Lemon Curd
(englische Zitronencreme)

Orangenmarmelade und Lemon Curd vermischen und ein warmes, getoastetes Crumpet damit bestreichen.

Mangochutney-Butter

2 TL weiche Butter
2 TL Mangochutney
1 Prise Chiasamen

Butter und Mangochutney vermischen und ein warmes, getoastetes Crumpet damit bestreichen. Zum Garnieren etwas Chiasamen darüberstreuen.

Teekuchen mit Kümmel

Ein altmodischer englischer Klassiker mit gemahlenen Mandeln und etwas Kümmel. Das mag langweilig klingen, ist es aber keineswegs. Den Kümmel sparsam verwenden, da er sonst die anderen Aromen überdeckt. Der Kuchen mit der knusprigen goldbraunen Kruste schmeckt hervorragend zu Tee oder Kaffee und natürlich besonders gut zu einem Glas Madeira-Wein am späten Vormittag.

Nach Geschmack kann man noch etwas Zitrusschalenabrieb unter den Teig mischen. Bei Fortnum & Mason findet man eine große Auswahl ganzer kandierter Früchte, die natürlich besser schmecken als bereits klein gehacktes Orangeat oder Zitronat aus dem Supermarkt.

Ergibt 1 Kuchen

175 g weiche Butter
175 g Zucker
3 große Eier, leicht verquirlt
250 g selbsttreibendes Mehl (ersatzweise 250 g Mehl, 2 TL Backpulver, 1 Prise Salz)
1 TL gemahlene Mandeln
½ TL Kümmel
40 ml Milch

Für die Kruste
1 EL Mandelblättchen, grob zerdrückt
1 EL Demerara-Zucker
1 EL Haferflocken

Mit einem Mixer Butter und Zucker schaumig aufschlagen und dann die Eier nach und nach unterrühren. Nacheinander Mehl, gemahlene Mandeln, Kümmel und zum Schluss die Milch unterheben.

Den Teig in eine mit Backpapier ausgelegte rechteckige Kuchenform (900 g Fassungsvermögen) füllen. Die Zutaten für die Kruste miteinander vermischen und über den Teig streuen. Den Kuchen im auf 160 °C (Gas Stufe 3) vorgeheizten Backofen 40–45 Minuten backen, bis er aufgegangen und goldbraun ist und eine Backprobe gelingt. Dafür den Kuchen mit einem Holzspieß in der Mitte einstechen, an dem kein Teig mehr haften bleiben darf. Den fertigen Kuchen 10 Minuten in der Form abkühlen lassen, danach auf einen Kuchenrost stürzen und vollständig auskühlen lassen.

Tee

Tee ist sicherlich die Ware mit dem höchsten Kultstatus bei Fortnum & Mason und genauso wichtig wie William Fortnums Kerzenwachsstummel, auf denen das Unternehmen gründet. Es gibt wohl kein anderes Warenhaus auf der Welt, das die Blätter der *Camellia sinensis* (so lautet die förmliche Anrede des Teestrauchs) mit ähnlicher Ehrerbietung behandelt und eine solche Sortenvielfalt anbietet.

Angefangen von den bekannten »Blends« (Teemischungen) (und der Kunst des Teemischens vom Breakfast Tea bis zu Fortnums berühmter Royal-Teemischung) über die klassischen Anbaugebiete (Assam, Darjeeling, Ceylon, Yunnan) bis zu ganz speziellen Sorten (Gyokuro, Japans hochwertigster Tee) und den außergewöhnlich seltenen Single Estates (Tee, der nur von einer Plantage stammt), wie z. B. dem 100 Year Old Tree – einem Tee von Blättern der ältesten Teesträucher in den Fenghuang-Bergen – findet man bei Fortnum & Mason beinah 150 verschiedene Teesorten. 2015 servierten allein die beiden Fortnum-&-Mason-Restaurants Diamond Jubilee Tea Salon und Gallery 230 000 Teekännchen.

Fortnum & Masons Erdgeschoss gleicht einem Tempel für die getrockneten Blätter, einem Basar für Teedosen, die mit den besten Teesorten aus Indien, China, Sri Lanka, Japan, Kenia, Taiwan, Nepal und sogar des UK gefüllt sind. Zudem verbinden die Teeblätter und das Warenhaus eine lange und strahlende Geschichte. Der erste Tee, den Fortnum & Mason in grauer Vorzeit importierte, war 1712 ein chinesischer Black-Bohea-Tee, der statt aus Teeblättern aus den minderwertigen Stängeln hergestellt worden war und dennoch 25 Schillinge pro Pfund (heute etwa £100) kostete. Schon damals wurde das teure Getränk außer Reichweite des normalen Volks in Blechdosen verpackt aufbewahrt, denn das Teetrinken galt ursprünglich als eine rein aristokratische Angelegenheit.

Heute ist Tee zum Glück nicht nur allen Bevölkerungsschichten zugänglich, sondern nach Wasser auch das am meisten konsumierte Getränk der Welt. Doch wie immer steht bei Fortnum & Mason Qualität und Beschaffenheit an erster Stelle. Und mit seinen Einkäufern zu reden, fühlt es sich an wie in weit entfernte, romantische Gefilde zu entschweben, zu nebelverhangenen Teeplantagen, geheimen Gärten, winzigen Familienbetrieben, in denen die Blätter noch von Hand getrocknet werden. Das Terroir (Klima, Boden, Landschaftsformung) spielt beim Tee eine genauso wichtige Rolle wie beim Wein. Und oft ist es mehr als eine reine Handelsbeziehung, die im Laufe mehrerer Generationen und geprägt von Vertrauen und Respekt zwischen den Teekäufern von Fortnum & Mason und seinen Lieferanten gewachsen ist. Fortnum & Mason steht in direktem Austausch mit seinen Erzeugern und wählt die feinsten Blätter aus. Eine solch enge Beziehung garantiert die Qualität, die Beschaffenheit und vor allem eine verbürgte Herkunft des Tees.

Indien (Assam und Darjeeling), Ceylon (Sri Lanka) und China sind immer noch die wichtigsten Anbaugebiete. Je nach Verarbeitungsprozess färben sich die Blätter schwarz, grün, bräunlich (Oolong) oder weiß. Alles beginnt mit der Verkostung der ersten Ernte des Jahres, denn sie liefert einen Ausblick auf den »Jahrgang«.

Ein wichtiges Augenmerk wird auf die Kunst des Pflückens gelegt. Einkäufer achten darauf, wie gut die Blätter gedreht wurden und wie hoch der Anteil der Tips (der Blattknospe) ist, deren Aroma besonders vollmundig und fein ist. Für die Teepflücker ist es natürlich viel einfacher und schneller, die größeren, älteren und kräftigeren Blätter zu ernten. Bei Fortnum & Mason besteht man allerdings darauf, nur die beiden jeweils obersten Blätter und die Blattknospe zu ernten (mit Ausnahme der Teesorten, in denen die Blattknospe nicht erwünscht ist), was natürlich wesentlich schwieriger und zeitintensiver ist, aber auch entscheidend für den späteren Geschmack des Tees.

Direkt nach der Ernte beginnen die wertvollen Blätter und Blattknospen zu welken und zu oxidieren. Sie müssen gerollt und getrocknet werden, und zwar zackig. Der Oxidationsgrad ist der Schlüssel zum Geschmack: Zu kurz, und das Aroma ist fad und wenig ausgeprägt; zu lange und der Tee schmeckt zu fruchtig und modrig. Jeder einzelne Verarbeitungsschritt vom Pflücken bis zum Aufbrühen des Tees ist essenziell, um am Ende eine perfekte Tasse Tee genießen zu können. Dazu gehört natürlich auch die Kunst der richtigen Mischung. Für die Blends mischen Fortnums Einkäufer und Teeexperten verschiedene Blattsorten (und eventuell zusätzliche Aromen), um neue Geschmacksnuancen zu kreieren. Erfahrung und ein fundiertes Wissen sind die Schlüsselfaktoren, um eine Mischung von gleichbleibender Qualität herzustellen. Deswegen ist es bei Fortnum & Mason nie damit getan, abzuwarten und Tee zu trinken, denn Tee ist hier der Inbegriff einer Obsession und Ausdruck höchster handwerklicher Kunst.

F&M

Die Kunst des Teetrinkens

All diese harte Arbeit, die Hingabe und das Wissen sind vergeblich, wenn der Tee nachlässig und hastig zubereitet wird. Denn es ist eine Kunst, Tee richtig aufzubrühen. Loser Blatt-Tee ist immer die beste Wahl, denn die großen Blätter können sich während des Ziehens ausdehnen und ihre duftenden Öle und Aromen, mit anderen Worten ihr ganzes Potenzial, voll entfalten. Das heißt natürlich nicht, dass die Teebeutel von Fortnum & Mason in irgendeiner Weise mit der staubigen, minderwertigen Teebeutel-Massenware vergleichbar wären, die durch aggressive Tannine und faden Einheitsgeschmack gekennzeichnet sind. Auch in den Teebeuteln von Fortnum & Mason befinden sich ganze Teeblätter von bester Qualität, doch Teepuristen werden immer losen Tee bevorzugen.

Der eigene Geschmack bestimmt die Zubereitung. Viele trinken ihren Tee gerne mit Milch und Zucker, aber bestimmte Teesorten (z. B. Afternoon Blend) sollten vorzugsweise ohne Milch getrunken werden, um das erfrischende, anregende Aroma zu genießen.

Der Fortnum-&-Mason-Guide für die perfekte Kanne Tee:

1

Verwenden Sie stets frisches Wasser. Wasser, das schon einmal aufgekocht wurde, enthält weniger Sauerstoff. Abgestandenes Wasser ist ungeeignet.

2

Wärmen Sie die Teekanne vor. Die meisten Schwarzteesorten (z.B. Royal Blend) können ihre Aromen nur mit kochend heißem Wasser voll entfalten. Kaltes Porzellan kühlt das heiße Wasser so stark ab, dass sich die göttlichen Teearomen nicht so gut entfalten können.

3

Die meisten Teesorten sollten 4–5 Minuten ziehen, grüner Tee häufig nur 1–3 Minuten. Engländer lassen ihren Tee leider oft nicht lange genug ziehen und der Kellner schüttelt sich innerlich, wenn Kunden den Teebeutel nach 10 Sekunden schon wieder herausziehen, denn das Ergebnis ist eine Tasse karamellfarbenes, heißes Wasser bar jeglichen Geschmacks.

4

Lassen Sie den Tee nicht zu lange ziehen, denn wenn die Blätter zu lange in heißem Wasser verbleiben, zerkochen sie und der Tee wird zu stark und schmeckt bitter.

5

Wer Milch zugeben möchte, sollte dies erst tun, wenn der Tee lange genug im heißen Wasser gezogen hat. Wir empfehlen, erst die Milch und dann den frisch aufgebrühten Tee in die Tasse zu gießen. So wird die Milch langsam erwärmt und das Porzellan geschont.

Der richtige Tee zur richtigen Zeit

Morgens
Wer frühmorgens so richtig in Gang kommen will, braucht einen Tee, der wach rüttelt. 100 % Assam ist stark und kann gut mit Milch getrunken werden. Auch Royal Blend, mit etwas Milch getrunken, ist so kräftig, dass man gut in den Tag kommt, denn die Mischung besteht aus ausdrucksstarkem, malzigem Assam und niedrig angebautem, gehaltvollem Ceylon mit einer leichten Karamellnote.

Nachmittags
Wenn der Tag fortschreitet und der morgendliche Kick verflogen ist, gelüstet es uns im Zweifel nachmittags nach einem etwas feineren Aroma, z. B. Fortnums Afternoon Blend, einer Mischung, die vor allem erfrischenden, lebhaften Ceylon enthält. Oder nach einem Earl Grey, der mit ein paar wenigen Tropfen Milch getrunken werden kann. Bei Fortnum & Mason achtet man darauf, dass die Bergamotte--Note nicht den delikaten Geschmack des Schwarztees übertüncht. Ein weiterer Klassiker ist der rauchige, dunkle chinesische Lapsang Souchong, der sparsam dosiert wunderbar mit dem Earl Grey harmoniert – eine Mischung, die bei Fortnum & Mason als Earl Grey Blend angeboten wird.

Abendessen
Abends passt ein würziger Rock Oolong aus China mit seinen dezenten Röstaromen hervorragend zu Rindfleisch, während der edle japanische Gyokuro mit seiner delikaten, süßlichen Note wunderbar mit asiatischen Nudelgerichten, Sushi und Fisch harmoniert. Und nach dem Essen reinigt ein Jasime Pearls den Gaumen.

Fortnum & Mason empfiehlt:
Den Tag mit einer Tasse Royal Blend beginnen. Der kräftige, gefällige und vollmundige Geschmack des Tees harmoniert perfekt mit etwas Toast und Orangenmarmelade – besser kann man nicht in den Tag starten.

Für einen kleinen Koffeinkick in der *Frühstückspause* ist ein Rose-Pouchong-Tee mit seinem delikaten, erfrischenden Aroma stets die beste Wahl.

Für den *Nachmittagstee* bieten sich drei Optionen an:
Wer sich etwas Besonderes gönnen möchte, wählt einen erfrischenden First-Flush Darjeeling, eine Tasse Anji Baicha Green Tea oder einfach einen frisch aufgebrühten Earl Grey, und der Tag ist gerettet.

Lunch

»… [W]er flog letzten Freitag den Hubschrauber von Battersea nach Luton? Check den gesamten nicht gewerblichen Flugverkehr, der von Luton abhebt, und such Inseln in der Nordsee, die man mieten kann. Inseln mit Aussichtstürmen. Und stell Nachforschungen zu dem Fortnum-Fresskorb an: Wer hat ihn bestellt, wer hat ihn bezahlt und wer hat ihn geliefert? Besorg mir die Rechnung. *Räucherlachsfilets für die Freunde des Kongos*. Großartig.«

John le Carré, *Geheime Melodie*

Fish and Chips mit Erbsen und Pfefferminze

Was soll ich sagen ... der Fisch in der goldenen Panade ist genau wie Roastbeef, Plum Pudding und unser geliebtes Bier ein echter englischer Klassiker. Ein Gericht, das seit jeher bei Fortnum & Mason auf der Speisekarte steht und wohl immer ein Bestseller bleiben wird. Hier umhüllt man den Fisch anstelle des üblichen Bierteigs mit japanischem Panko-Paniermehl, wodurch er knuspriger und weniger fett wird.

Die dicken Pommes frites sollten doppelt frittiert werden, damit sie außen kross und innen weich werden. Es versteht sich von selbst, stets frisches, sauberes Öl dafür zu verwenden. Das Gericht lässt sich gut im Voraus zubereiten und muss am Ende nur noch kurz frittiert werden.

Ach ja, und so durch und durch britisch ist es gar nicht, sondern eher eine jüdisch-französische Koproduktion, denn einst verkauften jüdische Immigranten kalten frittierten Fisch in Londons Straßen und Franzosen erfanden die frittierten Kartoffelstäbchen, die wir Engländer als Chips verehren. Immerhin waren es die Briten, die die beiden Zutaten schließlich in diesem großartigen Gericht vereint haben.

Für 4 Personen

900 g mehlige Kartoffeln, z. B. Maris Piper
Pflanzenöl zum Frittieren
20 g Weizenmehl
Schalenabrieb einer halben Zitrone
2 Eier, leicht verquirlt
100 g grobes Paniermehl, vorzugsweise japanisches Panko-Paniermehl
4 × 180 g Schellfischfilets, ohne Haut und Gräten
Meersalz und frisch gemahlener schwarzer Pfeffer

Für die Sauce tartare
100 g hochwertige Mayonnaise
1 kleine Schalotte, fein gehackt
2 EL klein gehackte glatte Petersilie
20 g saure Gürkchen, fein gehackt
20 g kleine Kapern

Für die Erbsen
300 g TK-Erbsen
60 g Butter
1 Stängel frische Minze, Blätter klein gehackt

Die Kartoffeln schälen, in 12 mm dicke Stäbchen schneiden und diese nebeneinander in einen Dampfgarer legen (eventuell portionsweise zubereiten) und 8 Minuten dämpfen (alternativ kann man sie auch ankochen), bis sie gerade beginnen, weich zu werden. Die Kartoffelstäbchen abtropfen und abkühlen lassen.

Das Pflanzenöl in einer Fritteuse oder in einem großen, hohen Topf (den Topf nur bis zu einem Drittel hoch mit Öl füllen) auf 110 °C erhitzen und die Chips darin portionsweise 6–8 Minuten frittieren, bis sie weich, aber noch nicht gebräunt sind. Die Chips auf Küchenkrepp abtropfen lassen und beiseitestellen. (Dies lässt sich mehrere Stunden im Voraus zubereiten.)

Die Zutaten für die Sauce tartare miteinander vermischen und beiseitestellen.

Die Erbsen in sprudelnd kochendem Salzwasser weich garen und anschließend gut abtropfen lassen. Danach die Erbsen abschrecken und erneut abtropfen lassen. Die Erbsen mit der Butter in einem Topf durch und durch erhitzen und nur ganz kurz mit dem Zauberstab pürieren, damit das Püree noch Biss hat. Die Minze untermischen und mit Salz und Pfeffer abschmecken.

Für den Fisch das Mehl mit dem Schalenabrieb und etwas Salz und Pfeffer in einem tiefen Teller vermischen. Die verquirlten Eier in einen zweiten tiefen Teller geben und das Paniermehl in einem dritten tiefen Teller bereitstellen. Die Fischfilets trockentupfen und nacheinander erst im Mehl, dann in der Eimischung und schließlich im Paniermehl wälzen. Das Paniermehl leicht andrücken, damit die Filets am Ende rundherum gleichmäßig paniert sind.

Das Frittieröl dieses Mal auf 160 °C erhitzen und den Fisch vorsichtig in das Öl gleiten lassen. Je zwei Fischfilets gleichzeitig etwa 6 Minuten goldbraun frittieren und anschließend auf Küchenkrepp trocknen lassen.

Die Temperatur des Öls auf 190 °C erhöhen und die Chips portionsweise knusprig und goldbraun frittieren. Anschließend auf Küchenkrepp trocknen lassen und mit Salz bestreuen.

Die Erbsen, falls notwenig, erneut erwärmen und Fish and Chips zusammen mit den Erbsen und der Sauce tartare servieren.

Fischauflauf

Ein großartiger Fischauflauf, denn unter der Parmesankruste verstecken sich hier geräucherter Schellfisch, Lachs und Kabeljau. Garnelen und grüne Bohnen geben dem Ganzen zusätzlich Biss. Je nach Geschmack können natürlich einzelne Zutaten gegen andere ausgetauscht werden, z. B. die Garnelen durch Jakobsmuscheln ersetzt werden. Mit anderen Worten, Neptun wäre beeindruckt und hungrige Freunde werden die kleinen Fisch Pies lieben, die man statt in einzelnen Förmchen natürlich auch in einer großen Auflaufform zubereiten kann.

Für 4 Personen

900 g mehlige Kartoffeln, z. B. Desiree, geschält und in Stücke geschnitten
110 g Butter
600 ml Vollmilch plus etwas Milch für das Püree
200 g geräuchertes Schellfischfilet
2 Lorbeerblätter
100 g Lachsfilet ohne Haut, gewürfelt
100 g Kabeljaufilet ohne Haut, gewürfelt
100 g kleine grüne Bohnen, halbiert
50 g Weizenmehl
5 EL klein gehackte glatte Petersilie
200 g vorgegarte Kaltwassergarnelen
40 g frisch geriebener Parmesankäse
Salz und frisch gemahlener schwarzer Pfeffer

Die Kartoffeln in kochendem Salzwasser weich garen, gut abtropfen lassen, zurück in den Topf geben und auf dem noch warmen Herd pürieren, damit überschüssiges Wasser abdampfen kann. Anschließend 50 g Butter und auch ein wenig Milch unterrühren, sollte das Püree zu fest werden. Das Kartoffelpüree mit Salz und Pfeffer abschmecken und beiseitestellen.

Den geräucherten Schellfisch pochieren und dafür mit den Lorbeerblättern und der Milch in einen kleinen Topf geben und die Milch aufkochen. Zu diesem Zeitpunkt sollte der Fisch bereits durchgegart sein, ansonsten den Fisch wenden und 1 weitere Minute in der Milch ziehen lassen. Den Fisch herausheben und mit einer Gabel in kleine Stücke teilen, dabei Haut und etwaige Gräten entfernen. Die Milch im Topf belassen.

Die Lachs- und Kabeljauwürfel 4–5 Minuten dämpfen, bis sie gerade gar sind. Die grünen Bohnen in kochendem Salzwasser 4 Minuten weich garen, danach abtropfen lassen und unter kaltem Wasser abschrecken (um die leuchtend grüne Farbe zu erhalten).

Die restliche Butter in einem Topf auf niedriger Temperatur zerlassen und das Mehl 1–2 Minuten unterrühren. Die warme Milch durch ein Sieb in eine Kanne gießen und nach und nach unter die Mehlschwitze rühren, bis eine glatte Sauce entsteht. Die Sauce ein paar Minuten köcheln lassen, danach mit Salz und Pfeffer abschmecken und die Petersilie unterrühren.

Etwas Sauce in vier kleine Auflaufförmchen (oder in eine große Form) gießen, den Fisch, die Garnelen, die Bohnen und die restliche Sauce darauf verteilen und so lange abkühlen lassen, bis sich die Sauce gesetzt hat. Zum Schluss das Kartoffelpüree darauf verteilen und mit dem Parmesan bestreut etwa 20 Minuten im auf 180 °C (Gas Stufe 4) vorgeheizten Backofen backen, bis die Oberfläche golden und knusprig ist und der ganze Auflauf durch und durch heiß ist.

Steak Tatar

Das Saint James Restaurant wurde 1955 auf der vierten Etage – gleich neben der Antiquitätenabteilung – als etwas elegantere, formellere Alternative zu dem beliebten Fountain Restaurant eröffnet, um der feinen Gesellschaft die perfekte Kulisse für ihr Lunch zu bieten. Der britische Schauspieler Terence Stamp hatte hier seinen Stammplatz und sogar eine persönliche Kellnerin namens Margaret. Die Speisekarte war umfangreich und die Atmosphäre herrschaftlich.

Steak Tatar war besonders beliebt. Natürlich bedarf es dazu besten Rinderfilets, das außen kurz scharf angebraten wird, um etwaige Verunreinigungen zu entfernen. Danach wird das gegarte Fleisch entfernt, allerdings ist dies in der eigenen Küche vielleicht ein bisschen zu aufwendig. Elementar wichtig ist es jedoch, das Fleisch per Hand zu schneiden, um jedes noch so kleine Fitzelchen Sehne zu entfernen und um eine Textur zu erzeugen, die sich maschinell einfach nicht herstellen lässt. Was die Nebenzutaten betrifft, so sorgen kleine saure Gurken und Kapern für Biss, hebt cremiges Eigelb die Aromen des Fleisches hervor und sorgen ein paar Tropfen Worcestershiresauce und Tabascosauce für eine angenehme Würze. Doch auch dieses Gericht sollte ganz nach dem persönlichen Geschmack zusammengestellt werden.

Für 2 Personen

300 g Rinderfilet
40 g Tomatenketchup
1 TL Dijon-Senf
½ TL Worcestershiresauce
5 Tropfen Tabascosauce
20 kleine saure Gürkchen, gewürfelt
15 g Kapern
2 kleine Schalotten, sehr fein gewürfelt
2 EL klein gehackte glatte Petersilie
2 sehr frische Eigelb von Bioeiern
Meersalz und frisch gemahlener schwarzer Pfeffer
getoastetes Sauerteigbrot zum Servieren

Eine Schmorpfanne sehr stark erhitzen und das Rinderfilet darin kurz von allen Seiten anbraten. Dabei sicherstellen, dass das Fleisch überall die Pfanne berührt. Das Fleisch abkühlen lassen und dann kalt stellen, um die angebratene Oberfläche leichter abschneiden zu können. Auf diese Weise wird sichergestellt, dass das rohe Fleisch problemlos genießbar ist. Mit einem sehr scharfen Messer das Fleisch in möglichst feine Würfel schneiden (die Würfel sollten gerade 2 mm groß sein) und dabei alles entfernen, was nicht absolut zart ist.

Das Fleisch in eine Schüssel geben. Worcestershiresauce, Tabasco, Ketchup und Senf miteinander verrühren und unter das Fleisch mischen. Gurken, Kapern, Schalotten und Petersilie unterheben und das Tatar zum Schluss mit Salz und Pfeffer abschmecken.

Das fertige Tatar mithilfe eines 10 cm großen Kochrings auf zwei Tellern anrichten. In die Mitte eine kleine Mulde drücken (z. B. mit einer sauberen Eierschale), jeweils 1 Eigelb hineingeben und mit einer Prise Meersalz bestreuen. Dazu getoastetes Sauerteigbrot reichen.

Garnierter Lachs

Ein sehr beliebtes Gericht und ein echter englischer Sommerklassiker, da man den hübsch angerichteten Fisch auch gerne bei Catering-Events im Freien anbot. Zu Beginn des 20. Jahrhunderts gab es ausschließlich schottischen Wildlachs, heute ist dieser Fisch äußerst selten geworden und entsprechend teuer, wobei man unbedingt sofort zugreifen sollte, falls man diesen köstlichen Fisch mit dem festen Fleisch irgendwo ergattern kann. Das Rezept verlangt nach einem Fischkochtopf oder zumindest nach einem großen Bräter, denn der Lachs wird in einer Court-Bouillon pochiert, bis er gerade seine Farbe wechselt. Zu lange gegarter Lachs ist eine Sünde.

Fortnums berühmter Küchenchef Jean Conil war in den 1950er-Jahren ein großer Fan dieses Gerichts, der es mit der Dekoration jedoch manchmal etwas übertrieb und den mit Gurkenschuppen garnierten Fisch auf einem riesigen Eisblock servierte, in dem fantastische Muster eingeritzt waren. Auch wenn dies in der eigenen Küche schwerlich nachzuahmen ist, bleibt dieses altmodische Gericht bis heute ein echter Hingucker.

Für 8–10 Personen

1 Lachsseite, 1–1,5 kg, Gräten entfernt

Für die Court-Bouillon
2 Zwiebeln, klein gehackt
1 Lauch, klein gehackt
4 Staudensellerie, klein gehackt
2 Lorbeerblätter
2 TL weiße Pfefferkörner
200 ml Weißwein
100 ml Weißweinessig
1 Zitrone, halbiert
40 g Salz
4 l Wasser

Zum Garnieren
200 g Flusskrebsschwänze
4 EL Marie-Rose-Sauce (siehe Seite 90)
½ Salatgurke, in dünne Scheiben geschnitten
Brunnenkresse oder junge Korianderblättchen

Sämtliche Zutaten für die Court-Bouillon in einen Fischkochtopf oder in einen großen Bräter geben und den Lachs behutsam hineingleiten lassen. Alles bei mittlerer Temperatur erhitzen, ohne dass das Wasser kocht. Der Lachs pochiert bereits beim Erhitzen des Wassers. Erreicht das Wasser nach etwa 20 Minuten den Siedepunkt, sollte das Fischfleisch bereits ein wenig weich sind. Falls nicht, sollte der Lachs noch ein paar Minuten länger im heißen Wasser garen. Anschließend den Topf vom Herd nehmen und den Lachs in der Bouillon 20–30 Minuten abkühlen lassen. Den Lachs danach vorsichtig auf ein Küchenbrett legen und vollständig auskühlen lassen.

Für die Garnitur die Marie-Rose-Sauce mit den Flusskrebsschwänzen vermischen und damit längs in der Mitte eine Linie ziehen. Mit den Gurkenscheiben schuppenförmig den äußeren Rand des Fisches verzieren und alles mit etwas Brunnenkresse oder Koriander dekorieren.

Fischküchlein mit geräuchertem Schellfisch und einer Kapernsauce

Ein Klassiker auf der Speisekarte des The Diamond Jubilee Tea Salon. Die Küchlein bestehen aus gleichen Teilen Fisch und Kartoffeln, allerdings sollte man hierfür den besten geräucherten Schellfisch wählen, den man bekommen kann, und keinesfalls gelb gefärbten Fisch kaufen. Die Kapernsauce steuert Schärfe und Säure bei. Die besten in Salz eingelegten Kapern kommen aus Italien (vor allem von der Insel Pantalleria).

Für 4 Personen

2 große Ofenkartoffeln (etwa 500 g zusammen)
25 g weiche Butter
2 Schalotten, fein gehackt
500 g geräuchertes Schellfischfilet
3 EL Weißwein
3 EL klein gehackte Petersilie
50 g Weizenmehl
1 Ei, leicht verquirlt mit 4 EL Milch
100 g Semmelbrösel (vorzugsweise japanisches Panko-Paniermehl)
1 nussgroßes Stück Butter und 1 EL Pflanzenöl, zum Ausbraten
Salz und frisch gemahlener schwarzer Pfeffer
Zitronenviertel, zum Servieren

Für die Kapernsauce
600 ml Fischbrühe
1 Schalotte, klein gehackt
50 ml Noilly Prat (Vermouth)
75 ml süße Sahne
75 g kalte Butter, gewürfelt
2 TL Zitronensaft
25 g Kapern
1 EL klein gehackte Petersilie

Die Kartoffeln einzeln in Alufolie wickeln und im auf 200 °C (Gas Stufe 6) vorgeheizten Backofen etwa 1 Stunde backen, bis sie weich sind. Die Kartoffeln etwas abkühlen lassen, dann halbieren, aushöhlen und die Kartoffelmasse in einer großen Schüssel zerdrücken.

Die weiche Butter auf einem Stück Alufolie verteilen, die Schalotten darüberstreuen, den Fisch daraufbetten, mit Salz und Pfeffer abschmecken und die Alufolie außen herum etwas hochziehen. Den Weißwein über den Fisch gießen und den Fisch locker in die Alufolie einwickeln. Dabei darauf achten, dass die Ränder fest zusammengedrückt werden. Das Fischpäckchen etwa 8 Minuten im auf 180 °C (Gas Stufe 4) vorgeheizten Backofen backen. Den Fisch danach auswickeln, abtropfen und abkühlen lassen.

Den Fisch mit einer Gabel in kleine Stücke zerteilen und dabei darauf achten, sämtliche Gräten und Hautreste zu entfernen. Das Fischfleisch mit den Kartoffeln und der klein geschnittenen Petersilie vermengen und erneut abschmecken. Die Mischung zu acht Kugeln rollen, mit einem Spatel flach drücken und daraus acht hübsche, 5 cm dicke Zylinder formen.

Das Mehl in einen tiefen Teller füllen, die Eier und die Milch in einen zweiten tiefen Teller geben und die Semmelbrösel in einem dritten tiefen Teller bereitstellen. Die Fischküchlein zunächst mit etwas Mehl bedecken und dann erst in der Eimischung und danach in den Semmelbröseln wälzen. Danach die Fischküchlein bis zum Braten kalt stellen.

Für die Sauce die Fischbrühe auf zwei Drittel einkochen lassen. Die Schalotten und den Noilly Prat dazugeben und weiterkochen, bis die Brühe auf die Hälfte reduziert ist. Die Sahne unterrühren und wiederum alles um die Hälfte einkochen lassen. Mit einem Schneebesen die Butter untermischen. Zitronensaft, Kapern und Petersilie unterrühren. Die Sauce abschmecken und warm halten.

Für das Ausbacken die Butter und das Öl in einer großen Bratpfanne auf mittlere Temperatur erhitzen und die Fischküchlein darin von beiden Seiten goldbraun braten. Die Fischküchlein danach im auf 180 °C (Gas Stufe 4) vorgeheizten Backofen 6–8 Minuten backen, bis sie durch und durch richtig heiß sind. Beim Servieren die Sauce und die Zitronenviertel dazu reichen.

Kaninchen-Confit mit sauren Gurken

Bevor die Erfindung der Kühlschränke die Notwendigkeit der Konservierung von Lebensmitteln in eine Frage persönlicher Vorlieben verwandelte, diente das Einwecken von gewürztem Fleisch oder Fisch in geklärter Butter der längeren Haltbarkeit und der Bewahrung der Aromen. Fortnum & Masons eingewecktes Kaninchenfleisch in Dosen und Weckgläsern gehörte in dieser Hinsicht zu den absoluten Exportschlagern. In England erlegten die meisten Kunden ihr eigenes Wild.

Zuchtkaninchen haben mehr Fett, schmecken dafür weniger aromatisch. Sind keine Kaninchenkeulen erhältlich, kann man dieses Rezept auch mit Gänse- oder Hühnerkeulen zubereiten. Im Kühlschrank aufbewahrt ist das Confit etwa 1 Woche haltbar.

Für 6 Personen

4 Kaninchenkeulen
600 g Entenschmalz
1 Möhre, geschält und längs geviertelt
3 Knoblauchzehen, geschält
1 Zweig Rosmarin
1 Bund Petersilie, klein gehackt

Für das Pökeln
200 g grobes Meersalz, beispielsweise Maldon-Salz
3 Knoblauchzehen, geschält
1 TL schwarze Pfefferkörner
1 EL Koriandersamen
1 EL Fenchelsamen
1 Bund Thymian
1 Lorbeerblatt

Zum Servieren
6 Scheiben Sauerteigbrot
1 kleines Glas saure Gürkchen

Die Zutaten zum Pökeln in der Küchenmaschine grob zerkleinern. Die Kaninchenkeulen nebeneinander auf einen tiefen Teller legen, mit der Salzmischung bedecken, das Salz dabei etwas unterheben und den Teller mit Küchenfolie abdecken. Das Fleisch 24 Stunden im Kühlschrank ziehen lassen.

Am nächsten Tag das Salz von den Keulen abspülen und das Fleisch trockentupfen. In einem großen Schmortopf das Entenfett zerlassen und Möhren, Knoblauch, Rosmarin und Kaninchenkeulen hineingeben. Darauf achten, dass die Keulen vom Fett ummantelt sind, und dann das Fett bis zum Siedepunkt erhitzen. Aus Backpapier einen Kreis im Umfang des Topfes ausschneiden und damit den Topf abdecken. Zusätzlich einen Deckel aufsetzen und den Topf für etwa 2 Stunden in den auf 150 °C (Gas Stufe 2) vorgeheizten Backofen stellen, bis sich das Fleisch vom Knochen löst. Die Keulen anschließend im Fett etwas abkühlen lassen.

Die Möhren und den Knoblauch aus dem Fett heben und in der Küchenmaschine pürieren. Die Kaninchenkeulen herausheben, das Fleisch von den Knochen lösen und die Haut dabei entfernen. Das Fleisch in eine Schüssel geben und diese in eine größere, mit Eiswürfeln und kaltem Wasser gefüllte Schüssel stellen. Die pürierten Möhren, den Knoblauch und die Petersilie unterrühren.

Ein Drittel des Entenfetts durch ein feines Sieb in einen Topf streichen und erneut erwärmen (das restliche Fett kalt stellen und z. B. für Bratkartoffeln verwenden). Etwa drei Viertel des warmen Fetts mit einer Gabel unter das Fleisch rühren, bis sich Fett und Fleisch miteinander verbinden. Das fertige Confit in einen passenden Behälter füllen und mit dem restlichen warmen Entenfett abdecken. Das Kaninchenconfit kalt stellen, damit es sich setzt.

20 Minuten vor dem Servieren das Confit aus dem Kühlschrank nehmen und auf Raumtemperatur erwärmen lassen. Warmes Toastbrot und kleine saure Gürkchen dazu reichen.

Kalbsleber mit Speck und »Bubble and Squeak«

Vom erdigen Charme der meisten Innereien hebt sich diese gegrillte, zarte Kalbsleber deutlich ab und so stand dieses Gericht schon immer auf der Speisekarte von Fortnum & Mason, da Innereien noch nicht einmal während der harschesten Kriegszeiten rationiert wurden. Natürlich sollte die Leber hier absolut frisch sein.

Bubble and Squeak – das typische britische Resteessen aus Kartoffeln und Gemüse – passt als Beilage hervorragend dazu, doch ein gutes Kartoffelpüree mit ordentlich Butter tut es auch.

Für 4 Personen

8 dünne Scheiben Kalbsleber
2 EL Olivenöl
8 Streifen Räucherspeck
Salz und frisch gemahlener schwarzer Pfeffer

Für die Sauce
40 g Butter
1 Schalotte, fein gehackt
50 ml Rotweinessig
20 g weicher brauner Zucker
100 ml Rotwein
250 ml Rinderbrühe

Für das Bubble and Squeak
550 g mehligkochende Kartoffeln (z. B. Maris Piper oder rote Kind Edward), geschält und gewürfelt
70 g Möhren, fein gewürfelt
140 g Steckrüben, fein gewürfelt
100 g Kohl, in dünne Streifen geschnitten
2 TL Worcestershiresauce
2 EL Weizenmehl
40 g Butter
2 EL Olivenöl

Für das Bubble and Squeak die Kartoffeln im kochenden Salzwasser weich garen und danach abtropfen lassen. Die Möhren, die Steckrüben und den Kohl in separaten Töpfen weich kochen und ebenfalls danach gründlich abtropfen lassen. Das Gemüse zum Trocknen auf einem Geschirrtuch ausbreiten. Die Kartoffeln in eine Schüssel geben, mit den Fingern aufbrechen, ohne sie zu zerstampfen, und dann mit Salz, Pfeffer und Worcestershiresauce würzen. Das Gemüse unterheben, aus der Mischung vier Kugeln formen und diese so flach drücken, dass sie etwa 4 cm dick sind. Diese Küchlein leicht mit Mehl bestauben. Butter und Olivenöl in einer großen Bratpfanne erhitzen und die Bubble-and-Squeak-Küchlein darin langsam braten, bis sie von beiden Seiten knusprig goldbraun sind. Die Küchlein anschließend warm halten.

Für die Sauce die Butter in einem Stieltopf zerlassen und die Schalotte darin glasig und weich schwitzen. Den Rotweinessig und den Zucker unterrühren und so lange köcheln lassen, bis die Flüssigkeit beinah vollständig verdunstet ist. Den Wein und die Rinderbrühe dazugeben und so lange weiterköcheln lassen, bis die Sauce ein wenig eingekocht ist. Zum Schluss abschmecken, eventuell mit Salz und Pfeffer würzen und warm halten.

Die Leberscheiben trockentupfen und mit Salz und Pfeffer würzen. Das Olivenöl in einer großen Schmorpfanne erhitzen und die Leber darin 1–2 Minuten von jeder Seite braten, bis sie außen hübsch gebräunt, innen aber noch rosa ist. Die Leber aus der Pfanne nehmen und warm halten. Die Speckstreifen in der Pfanne knusprig braten.

Zum Servieren, jeweils ein Bubble-and-Squeak-Küchlein in die Mitte jedes Tellers geben und darauf die Leber und den Speck anrichten. Zum Schluss die Sauce außen herum gießen.

Krebsfleisch-salat mit Marie-Rose-Sauce

Ganz schön mühselig, auch das letzte Fitzelchen Krebsfleisch aus der Schale zu lösen, aber der Aufwand lohnt sich. Vergessen Sie dabei nicht das braune, weichere Fleisch mit dem wunderbaren Meeraroma. Wem der Aufwand jedoch zu groß ist, findet im Handel auch bereits fertig ausgelöstes Krebsfleisch. Im Kochring angerichtet und mit feinen Streifen klein gehacktem Eiweiß, geriebenem Eigelb, Petersilie und selbst gemachter Marie-Rose-Sauce wird daraus ein kleines Festmahl. Es klingt komplizierter, als es ist, und von der Sauce bleibt genügend übrig, falls man spätabends noch Lust auf einen kleinen Snack aus dem Kühlschrank hat.

Für 4 Personen

80 g frisches braunes Krebsfleisch
1 Spritzer Zitronensaft
1 Prise Salz
2 Eier
440 g frisches weißes Krebsfleisch
2 EL sehr fein gehackte Petersilie

Für die Marie-Rose-Sauce
3,5 EL hochwertige Mayonnaise
1 EL Tomatenketchup
½ TL Zitronensaft
¼ TL Worcestershiresauce
ein paar Tropfen Tabascosauce
¼ TL Cognac

Das braune Fleisch gründlich prüfen und etwaige Knorpel entfernen. Das braune Fleisch mit dem Zitronensaft und dem Salz 30 Sekunden im Standmixer pürieren und danach mit Küchenfolie abgedeckt 2 Stunden im Kühlschrank ruhen lassen. Nachdem es sich gesetzt hat, sollte es die Konsistenz einer weichen Mousse haben.

Sämtliche Zutaten für die Marie-Rose-Sauce in einer Schüssel miteinander vermischen, danach abschmecken und eventuell noch mit etwas Zitronensaft, Worcestershire- oder Tabascosauce nachwürzen.

Die Eier 10 Minuten hart kochen, danach abtropfen lassen und so lange unter kaltem Wasser abschrecken, bis sie vollständig ausgekühlt sind, um dunkle Ringe um das Eigelb zu verhindern.

Das weiße Krebsfleisch sorgfältig auf eventuelle Schalenreste absuchen. In die Mitte jedes Tellers einen 10 cm großen Kochring legen und ihn zunächst mit einer Schicht dunkler Krebsmousse füllen. Danach jeweils ein Viertel des weißen Krebsfleisches gleichmäßig etwa 1 cm hoch darauf verteilen und die Ringe entfernen. Mit der Marie-Rose-Sauce eine gerade Linie entlang des Durchmessers des Kreises ziehen (z. B. mithilfe einer Drückflasche) und etwas klein gehackte Petersilie über die Sauce streuen.

Die Eier pellen, Eiweiß und Eigelb trennen und beides mit einer feinen Reibe reiben. Rechts und links von der Petersilie je eine Linie mit geriebenem Eiweiß und Eigelb ziehen und das Krebsfleisch mit geröstetem Toastbrot – vorzugsweise aus Sauerbrotteig – servieren.

Eingelegte Nordseekrabben

Fortnum & Mason verwendet für dieses Gericht Krabben, die beim Einsetzen der Ebbe in der Bucht von Morecambe vor der Küste Lancashires gefischt werden, denn ihr besonders intensives, süßliches Aroma, das hier mit ein wenig Mazisblüte, Muskatnuss, schwarzem Pfeffer und einer Prise Cayennepfeffer verfeinert wird, schmeckt himmlisch. Die Krabben ein wenig aufwärmen, bis die Butter schmilzt, und dann mit warmem Toastbrot genießen.

Für 2 Personen

120 g Butter
1 Prise gemahlene Mazisblüte
1 Prise Cayennepfeffer
etwas frisch geriebene Muskatnuss
1 Streifen Zitronenschale
200 g braune Nordseekrabben, geschält und gegart
1 Tropfen Worcestershiresauce
1 Spritzer Zitronensaft
Salz und frisch gemahlener schwarzer Pfeffer

Zum Servieren
Schalenabrieb von 1 Limette
Vollkorntoastbrot
Zitronenviertel

Die Butter klären und dafür die Butter bei niedriger Temperatur in einem kleinen Stieltopf zerlassen und die flüssige Butter durch ein feines Haarsieb in einen zweiten kleinen Stieltopf gießen, um dadurch das ausgeflockte Milcheiweiß zu entfernen. 2–3 EL der geklärten Butter in einem Kännchen beiseitestellen.

Mazisblüte, Cayennepfeffer, Muskatnuss und Zitronenschale unter die geklärte Butter im Topf rühren und alles 2 Minuten sanft köcheln lassen. Die Zitronenschale entfernen und 40 Gramm Krabben, Worcestershiresauce und Zitronensaft dazugeben. Alles im Standmixer oder mit dem Zauberstab kurz pürieren und die Krabbensauce danach zurück in den Topf geben. Die restlichen Krabben 2 Minuten bei niedriger Temperatur unterrühren, ohne dass sie kochen. Den Topf vom Herd nehmen und die Krabben mit etwas Salz und Pfeffer abschmecken.

Die Krabben mit der Butter in zwei kleine Förmchen füllen und dabei etwas nach unten drücken. Die geklärte Butter im Kännchen eventuell noch einmal kurz in der Mikrowelle erwärmen, damit sie flüssig ist, und dann über die Krabben gießen, bis diese von einer dünnen Butterschicht bedeckt sind. Die Förmchen kalt stellen, damit sich der Inhalt setzen kann.

20 Minuten vor dem Servieren die Förmchen aus dem Kühlschrank nehmen und die Krabben auf Raumtemperatur erwärmen. Die Krabben mit Limettenschale bestreuen und dazu warmes Toastbrot und Zitronenviertel reichen.

Wildbret-Pie

Wildgerichte gehören nicht nur zu den besonderen Delikatessen der saisonalen britischen Küche, sondern vermutlich findet man sie in keinem anderen Land der Welt in solcher Vielfalt. Wie sehnen die Kunden jedes Jahr das erste Moorhuhn herbei, das unmittelbar nach Eröffnung der Jagdsaison am 12. August per Pferd, mit dem Zug oder im Auto schnellstmöglich zu Fortnum & Mason gebracht wird, um dort geröstet und mit einer feinen Wildsauce, etwas Brunnenkresse und hausgemachten Pommes frites serviert zu werden.

Oder Reh- und Damwild, das auf Ländereien im ganzen Land geschossen wird, um dann ordentlich abgehangen in saftige Filets, Keulen und Rücken zerteilt zu werden. Rebhühner, Waldschnepfen, Bekassinen, Wildenten, Pfeifenten und anderes Federwild. Feldhasen mit ihrem kräftigen Eigengeschmack und wilde Kaninchen, die abgezogen ihr hübsches rosa Fleisch offenbaren.

Mit diesem Rezept wird aromatisches Wildfleisch in einen raffinierten Pie verwandelt.

Für 6–8 Personen

400 g Rehkeule
200 g Fasanbrüste
200 g Moorhuhn-(oder Schnepfen-)Brust
200 g Schweinebacken
100 g Speckstreifen
6 EL Olivenöl
2 rote Zwiebeln, gewürfelt
2 Möhren, gewürfelt
2 Knoblauchzehen, zerdrückt
2 EL Thymianblätter
125 g Maronenpilze (Maronenröhrling), halbiert oder geviertelt
2 EL Weizenmehl
100 ml Rotwein
100 ml Portwein
1 Lorbeerblatt
400 ml Rinderbrühe
Salz und frisch gemahlener schwarzer Pfeffer

Das Fleisch in 5 cm große Würfel schneiden. Die Hälfte des Öls in einem Schmortopf bei mittlerer Temperatur erhitzen und das Fleisch portionsweise von allen Seiten braun anbraten und mit Salz und Pfeffer würzen. Die fertigen Portionen auf einem Teller beiseitestellen.

Das restliche Öl im Schmortopf erhitzen und die Zwiebeln und die Möhren darin weich schmoren. Knoblauch und Thymian unterrühren, danach die Pilze unterheben und alles weitere 5 Minuten garen lassen. Das Mehl einrühren und 2 Minuten weitergaren. Den Wein dazugießen und bei erhöhter Temperatur um die Hälfte einkochen lassen. Anschließend mit dem Portwein ebenso verfahren. Das Fleisch und das Lorbeerblatt dazugeben und die Brühe darübergießen und aufkochen. Den Topf abgedeckt für etwa 1,5 Stunden in den auf 150 °C (Gas Stufe 2) vorgeheizten Backofen stellen, bis das Fleisch zart ist. Danach das Fleisch abkühlen lassen und in eine flache Auflauf- oder Pieform füllen.

Für den Teigdeckel
250 g Weizenmehl
1 Prise Salz
125 g Butter
etwa 3 EL Wasser
1 Ei, leicht verquirlt, zum Bestreichen

Für den Teigdeckel Mehl und Salz in eine Backschüssel sieben und die Butter mit den Fingerspitzen untermischen, bis feine Teigbrösel entstehen. So viel Wasser dazugießen, bis daraus ein Teig wird, und den Teig in Küchenfolie gewickelt 30 Minuten im Kühlschrank ruhen lassen.

Den Teig 4 mm dick ausrollen, bis seine Fläche größer ist als die der Pieform. Einen langen Teigstreifen abschneiden, der um den Rand der Form passt. Den Streifen mit Wasser bepinseln und gegen den Rand der Form drücken. Den restlichen Teig mithilfe der Teigrolle von der Arbeitsfläche lösen und damit das Fleisch abdecken. Die Teigränder fest zusammendrücken, damit der Teig die Pieform gut abschließt.

Den Teig mit dem Ei bepinseln und in der Mitte des Teigdeckels ein Loch ausstechen, damit der Dampf entweichen kann. Den Pie 30 Minuten im 180 °C (Gas Stufe 4) heißen Backofen backen, bis der Teigdeckel goldbraun ist.

Buchweizen-pfannkuchen mit geräuchertem Lachs als Torte

Inspiriert von dem griechischen Sternekoch Nico Ladenis werden hier Pfannkuchen mit einer Lachs-Frischkäse-Füllung zu einer Torte gestapelt und hinterher quasi wie ein Kuchen aufgeschnitten und mit einer Tomaten-Oregano-Vinaigrette serviert.

Für 10–12 Personen

300 g Spinat
500 g Doppelrahmfrischkäse
80 ml süße Sahne
2 TL Zitronensaft
Schalenabrieb von 1 Zitrone
1 Bund Schnittlauch, klein gehackt
500 g geräucherter Lachs
Salz und frisch gemahlener weißer Pfeffer
etwas Brunnenkresse zum Garnieren

Für die Pfannkuchen
50 g Weizenmehl
100 g Buchweizenmehl
1 Prise Salz
2 große Eier
200 ml Vollmilch
zerlassene Butter, zum Einfetten der Pfanne

Für die Tomaten-Oregano-Vinaigrette
1 Schalotte, in dünne Scheiben geschnitten
100 g reife Tomaten, gewürfelt
200 ml passierte Tomaten
1 Knoblauchzehe, zerdrückt
1 EL klein gehackter Oregano
85 ml Sherryessig
100 ml extranatives Olivenöl

Für die Pfannkuchen die trockenen Zutaten in einer Backschüssel vermischen und in die Mitte eine Mulde drücken. Eier und Milch verquirlen, in die Mulde gießen und nach und nach das Mehl vom Rand einarbeiten, bis ein glatter Teig entsteht.

Eine 20 cm große, antihaftbeschichtete Pfanne mit etwas Butter auspinseln und auf mittlere Temperatur vorheizen. Jeweils eine Kelle Teig hineingeben und die Pfanne schwenken, bis der Teig den gesamten Pfannenboden bedeckt. Den Pfannkuchen 1–2 Minuten backen, bis die Oberfläche Blasen wirft und der Rand goldbraun wird. Den Pfannkuchen wenden, 1 Minute weiterbacken und anschließend beiseitestellen. Den Vorgang mit dem restlichen Teig wiederholen und zwischendurch die Pfanne immer wieder mit etwas Butter auspinseln. Für die Torte werden vier Pfannkuchen benötigt, die für die Stabilität etwa dreimal so dick sein sollten wie normale Pfannkuchen.

Den Spinat 1 Minute in kochendem Salzwasser blanchieren, danach abtropfen lassen, ausdrücken und klein hacken.

Drei Viertel des Frischkäses in einer Schüssel mit einem Gummispatel aufschlagen und dabei etwas Salz und Pfeffer unterarbeiten. Nach und nach zwei Drittel der Sahne unterrühren, bis die Mischung weich und glatt ist. Spinat, Zitronensaft und Zitronenschale unterrühren. Falls die Mischung zu fest ist (sie sollte streichzart sein), die restliche Sahne unterrühren. Zum Schluss ein Viertel des Schnittlauchs unterrühren und alles abschmecken.

Eine 20 cm große Springform mit Backpapier auslegen und darauf einen Pfannkuchen geben. Den Lachs in 8–10 cm lange Streifen schneiden und diese gleichmäßig auf dem Pfannkuchen verteilen. Dafür außen anfangen, die Streifen gegen den Rand drücken und danach die Mitte füllen, sodass die Streifen nebeneinanderliegen. Eine Schicht Frischkäse darauf verstreichen und den Vorgang wiederholen. Mit einem letzten Pfannkuchen abschließen und die Torte etwa 4 Stunden kalt stellen, bis sie sich gesetzt hat.

Den restlichen Frischkäse so lange aufschlagen, bis er streichzart ist. Die Springform entfernen und den Deckel und die Seiten mit dem Frischkäse bestreichen. Die Torte mit dem restlichen Schnittlauch bestreuen und diesen mit den Händen ein wenig festdrücken.

Für die Vinaigrette sämtlich Zutaten in eine Schüssel geben und ein paar Stunden marinieren lassen. Danach mit einem elektrischen Handrührgerät pürieren und durch ein Sieb streichen. Zum Schluss abschmecken.

Die Torte lässt sich am besten in Stücke schneiden, wenn sie 10–15 Minuten vor dem Servieren aus dem Kühlschrank genommen wird, um etwas weicher und aromatischer zu werden. Die Torte mit etwas Wasserkresse garnieren und die Tomaten-Oregano-Vinaigrette dazu reichen.

Shepherd's Pie mit Lammschulter

Für diesen Winterklassiker wird die Lammschulter über Nacht auf dem Knochen gegart und dann mit einer Schicht Kartoffelpüree abgedeckt. Das Fleisch der Einfachheit halber am besten noch warm vom Knochen lösen und die Kartoffeln backen, damit das Püree besonders locker und luftig wird.

Für 8 Personen

1 Lammschulter mit Knochen
2 Möhren, in 1 cm große Würfel geschnitten
1 Stange Staudensellerie, in 1 cm große Würfel geschnitten
1 große Zwiebel, in 1 cm große Würfel geschnitten
8 Knoblauchzehen, fein gehackt
1 Zweig Rosmarin, die Nadeln fein gehackt
4 Zweige Thymian, die Blätter abgezupft
2–3 EL Worcestershiresauce, nach Geschmack
3 EL Tomatenketchup
500 ml Hühnerbrühe
1 Handvoll TK-Erbsen
Salz und frisch gemahlener schwarzer Pfeffer

Für die Herzoginkartoffeln als Deckel
6 große Ofenkartoffeln (etwa 2 kg)
200 ml süße Sahne
120 g Butter
6 Eigelb

Die Lammschulter gut würzen und auf einen Rost in einen Bräter legen. Den Bräter locker mit Alufolie abgedeckt für 8 Stunden in einen 120 °C (Gas Stufe 0,5) heißen Backofen stellen – bei Fortnum & Mason wird das am Ende der letzten Schicht gemacht, damit das Fleisch morgens gar ist. Das Fleisch am besten noch warm vom Knochen lösen, Fett und Haut entfernen und in kleine Stücke teilen.

Einen Löffel Bratenfett aus dem Bräter in einem großen Schmortopf erhitzen und die Möhren, den Sellerie und die Zwiebeln darin weich garen. Knoblauch und Kräuter unterrühren und alles ein paar Minuten weitergaren. Worcestershiresauce, Ketchup und Fleisch einrühren, die Brühe dazugießen und alles 15–20 Minuten köcheln lassen, bis die Brühe größtenteils eingekocht ist, Fleisch und Gemüse aber noch feucht sind.

Für den Deckel die Kartoffeln in Alufolie gewickelt 1 Stunde im 200 °C (Gas Stufe 6) heißen Backofen backen, bis sie weich sind. Die Kartoffeln etwas abkühlen lassen, anschließend halbieren, mit einem Löffel aushöhlen und die Kartoffelmasse durch eine Kartoffelpresse oder ein Sieb in eine Schüssel drücken. In einem kleinen Topf Sahne und Butter aufkochen und gründlich unter die Kartoffelmasse rühren. Mit Salz und Pfeffer abschmecken und dann das Eigelb unterrühren. Die Kartoffelmasse in einen Spritzbeutel mit Sterntülle füllen.

Das Fleisch in eine große Pie- oder Auflaufform füllen und etwas nach unten drücken. Mit den tiefgefrorenen Erbsen bestreuen und die Kartoffelmasse so darüberspritzen, dass das Lammfleisch vollständig bedeckt ist. Den Pie im auf 180 °C (Gas Stufe 4) vorgeheizten Backofen etwa 20 Minuten backen, bis er durch und durch heiß ist und eine schöne goldbraune Kruste hat.

Suet Pudding mit Steak und Nierchen

Es gibt kaum eine britischere Speise als einen wärmenden, salzig gefüllten und gedämpften Pudding aus Rindertalg. Das richtige Mengenverhältnis ist entscheidend – hier sind es drei Teile Rindfleisch und ein Teil Nierchen. Ein recht gehaltvolles Gericht, aber genau so schmeckt es am besten.

Für 6–8 Personen

4 EL Olivenöl
1 große Zwiebel, klein gehackt
150 g Champignons
1 kg Kurzrippensteak, in 2,5 cm große Würfel geschnitten
1 EL Worcestershiresauce
½ TL frisch geriebene Muskatnuss
25 g Weizenmehl
650 ml Rinderbrühe
300 g Nierchen, gesäubert, weiße Fettstränge aus der Mitte herausgeschnitten, in kleine Stücke geteilt
Salz und frisch gemahlener Pfeffer

Für den Teig
375 g Weizenmehl
3 TL Backpulver
½ TL Salz
180 g Rindertalg
etwa 220 ml Eiswasser

In einer großen Kasserolle die Hälfte des Öls erhitzen und die Zwiebeln darin weich garen. Die Pilze dazugeben und braten, bis sie ein wenig Farbe bekommen. Das restliche Öl parallel in einer großen Schmorpfanne erhitzen. Das Rindfleisch mit Salz und Pfeffer würzen und bei hoher Temperatur portionsweise scharf anbraten, bis es von allen Seiten gebräunt ist.

Das Fleisch in die Kasserolle geben und mit der Worcestershiresauce, der Muskatnuss und etwas Salz und Pfeffer unterrühren. Das Mehl ein paar Minuten einrühren, dann die Brühe dazugießen, aufkochen und den Topf für 1,5–2 Stunden in den auf 150 °C (Gas Stufe 2) vorgeheizten Backofen stellen, bis das Fleisch gerade gar ist.

Das Nierchenfleisch in kochendem Salzwasser 3 Minuten blanchieren und danach in einem Sieb gut abtropfen lassen. 15 Minuten vor Ende der Garzeit die Nierchenstücke mit in die Kasserolle im Backofen geben. Nach dem Ende der Garzeit die Kasserolle aus dem Ofen nehmen und das Fleisch abkühlen lassen.

Für den Teig Mehl, Salz und Backpulver in eine Schüssel geben und den Rindertalg unterrühren. Nach und nach so viel Eiswasser dazugeben, bis ein weicher Teig entsteht. Den Teig auf einer leicht mit Mehl bestaubten Arbeitsfläche etwa 4–5 mm dick ausrollen. Vorher etwa ein Viertel von dem Teig für den Deckel abschneiden und beiseitestellen. Eine 1,5 l fassende Puddingform mit Butter einfetten und mit dem Teig auslegen. Die Füllung hineingeben. Den restlichen Teig kreisrund ausrollen. Die Teigränder mit Wasser bepinseln, die Teigscheibe als Deckel auf die Füllung setzen und die Ränder fest zusammendrücken. Überstehenden Teig abschneiden.

Mit einer Lage Backpapier, in die man vorher in die Mitte eine Falte gemacht hat, damit der Teig darunter Platz hat zu gehen, abdecken. Danach mit einer Lage Alufolie (ebenfalls mit einer Falte in der Mitte) abdecken und das überstehende Backpapier und die Alufolie mit Küchengarn unter dem Rand der Form festbinden. Die Form im Dampfkocher 2 Stunden dämpfen.

Den fertigen Pudding aus dem Topf nehmen, Backpapier und Alufolie entfernen, den Pudding mit einem Messer vom Rand der Form lösen und den Pudding behutsam auf einen großen Teller stürzen.

Picknick

Wer auch immer die Idee des Picknicks ersann, hatte dabei sicherlich nicht das englische Wetter vor Augen. Anstatt in schattigen Gartenlauben oder unter strahlend blauem Himmel festlich zu speisen und der Glückseligkeit im Freien zu frönen, sitzen wir Briten meist im Auto und lauschen bei einer Tasse lauwarmem Tee und einem labbrigen Sandwich dem Regen, der auf das Blechdach trommelt. Nicht sehr idyllisch, sondern eher nach den Worten des englischen Dichters John Betjeman: »Sand in den Sandwichs, Wespen im Tee.« Doch die Picknickkörbe von Fortnum & Mason, eine Institution seit Ende des 18. Jahrhunderts, enthalten genügend aufregende Schlemmereien, um die Widrigkeiten des Wetters zu vergessen.

Charles Dickens liebte sie. »Himmlisch, Korbdeckel fliegen auf und vor dem grünen Rasen heben sich die Schüsseln mit Hummersalat wie bunte Blüten ab!«, schrieb er Mitte des 19. Jahrhunderts über das berühmte Derby und die Picknickkörbe von Fortnum & Mason, die damals genau so zur »Saison« gehörten wie atemlose Debütantinnen und in Strömen fließender Champagner. Damals wie heute fand man sie auf allen berühmten englischen Pferderennbahnen. Und sie bargen ungeahnte Delikatessen wie Schildkrötensuppe, Wildbretpasteten, Kaviar, Foie Gras, in Cognac eingelegte Früchte und frische Erdbeeren mit Schlagsahne.

Auch heutzutage kann man seinen Picknickkorb von Fortnum & Mason mit allen Köstlichkeiten, die das Herz begehrt, füllen lassen. Egal ob kaltes Roastbeef, Garnelensalat, Hummer, Oliven, der berühmte englische Schinken, eingelegte Krabben oder alle nur erdenklichen kalten Süßspeisen. Zusätzlich zu den traditionellen »hampers« (dt. Körbe) bietet Fortnum & Mason inzwischen sozusagen als kleinen Bruder den »hamperling« an, eine kleinere, perfekt geformte Variante des ursprünglichen Proviantkorbs, der im Terminal 5 des Londoner Heathrow-Flughafens erhältlich ist, unter anderem gefüllt mit Glenarm Roastbeef, geräuchertem Lachs und Kaviar. Genau das Richtige, um die Unannehmlichkeiten eines Langstreckenflugs zu vergessen.

Dickens' Hummersalat ist ein edles, wenn auch kostspieliges Gericht für ein Picknick, denn er lässt sich gut mitnehmen und bedarf kaum mehr als einer Gabel, um ihn zu genießen. Und das ist das Geheimnis guter Picknick-Mahlzeiten: Aromenvielfalt, aber praktisch in der Handhabung und elegant, ohne zu aufwendig zu sein. Schlicht und perfekt. Ein Picknick lässt weder Raum für Firlefanz noch für hochgestochene Menüabfolgen.

Pan Bagnat, am Vortag zubereitet, damit das Öl und die Säfte in das französische Baguette-Sandwich einziehen können, frisch gemachter Krabbensalat, ein Bund Radieschen mit kalter Butter und Salz. Selbst gemachte Taramasalata mit Pitabrot, eine wirklich gute Vichyssoise oder eine Gazpacho, die man aus dem Glas schlürfen kann. Ein kaltes gebratenes Hähnchen, das man mit dem Taschenmesser tranchiert und mit selbst gemachter Mayonnaise und frischem Baguette genießt; eine große Wildbret-Pastete, deren knuspriger Teigmantel gefüllt ist mit Moorhuhn, Rebhuhn und Hasenfleisch, oder Schottische Eier mit etwas englischem Senf sind Speisen, die sich wunderbar für ein Picknick eignen. Oder Würstchen im Schlafrock, kalter Bratenaufschnitt, pochierter Lachs oder Forelle. Nicht zu vergessen frische Erdbeeren oder Himbeeren mit Schlagsahne, süße Tartes, Biskuitkuchen, handliche Törtchen, Scones und Teekuchen. Ständig werden bei Fortnum & Mason neue Picknickkörbe zusammengestellt, die mit so ziemlich allem gefüllt werden, was möglich ist, angefangen von Shropshire-Schinken mit Sellerie-Remoulade bis hin zu feinsten Desserts wie dem traditionellen Lemon Posset, die bis zu £2000 kosten können. Man mag ja vielleicht dem Wetter nicht trauen, aber ein hübscher, durchdacht gefüllter Picknickkorb von Fortnum & Mason wird einen niemals enttäuschen.

Miniquiches

Knuspriger Mürbeteig, belegt mit allerhand Köstlichkeiten und einer leichten Eimasse. Die recht umfangreichen Rezepte mögen ein wenig einschüchternd wirken, doch das Ergebnis ist sicherlich der Mühe wert.

Kleine Waldpilz-Quiches mit Estragon

Ergibt 4 kleine Quiches

20 g Butter
1 kleine Schalotte, fein gewürfelt
180 g Waldpilze (oder Austernpilze), in Scheiben geschnitten
1 EL klein gehackter Estragon
1 Ei
130 ml süße Sahne
30 g frisch geriebener Parmesankäse
Salz und frisch gemahlener schwarzer Pfeffer

Für den Mürbeteig
450 g Weizenmehl
1 TL Salz
2 TL Zucker
300 g kalte Butter, gewürfelt
1 mittelgroßes Ei
20 ml Milch

Für die Quicheböden Mehl, Salz, Zucker und Butter in einer Küchenmaschine zu feinen Bröseln vermischen. Das Ei zunächst mit der Milch verquirlen und dann in der Küchenmaschine unterrühren, bis einTeig entsteht. Den Teig in Küchenfolie gewickelt mindestens 30 Minuten kalt stellen (die Teigmenge reicht für die doppelte Menge Tartes, hält sich aber bis zu 3 Tage im Kühlschrank und kann auch tiefgefroren werden).

Die Hälfte des Teigs auf einer leicht mit Mehl bestaubten Arbeitsfläche 3 mm dick ausrollen und damit vier 10 cm große Quiche- oder Tarteformen auslegen. Die Förmchen mit dem Teig 30 Minuten kalt stellen, danach den Teig mit Backpapier abdecken, mit Backbohnen belegen und 12 Minuten im 180 °C (Gas Stufe 4) heißen Backofen blindbacken. Backbohnen und Backpapier entfernen und die Quicheböden weitere 3–4 Minuten backen, damit der Teig ein ganz klein wenig Farbe bekommt.

Die Butter in einem kleinen Topf zerlassen und die Schalotten darin weich garen. Die Pilze mit einer Prise Salz dazugeben und ebenfalls weich garen und dann den Estragon unterrühren.

Ei und Sahne mit dem Schneebesen aufschlagen und mit Salz und Pfeffer würzen. Die Pilzmischung auf die Quicheböden verteilen, mit dem Parmesan bestreuen und die Eiersahne darübergießen. Die Quiches 12–15 Minuten im Backofen backen, bis sich die Füllung gesetzt hat und etwas Farbe bekommen hat.

Lauch-Quiches mit Stilton

Ergibt 4 kleine Quiches

½ Menge Mürbeteig (siehe gegenüberliegende Seite)
30 g Butter
2 kleine Lauchstangen, in dünne Scheiben geschnitten
1 EL Thymianblätter
1 Ei
130 ml süße Sahne
60 g Stilton-Käse
Salz und frisch gemahlener schwarzer Pfeffer

Den Teig auf einer leicht mit Mehl bestaubten Arbeitsfläche 3 mm dick ausrollen und damit vier 10 cm große Quiche- oder Tarteformen auslegen. Die Förmchen mit dem Teig 30 Minuten kalt stellen, danach den Teig mit Backpapier abdecken, mit Backbohnen belegen und 12 Minuten im 180 °C (Gas Stufe 4) heißen Backofen blindbacken. Backbohnen und Backpapier entfernen und die Quicheböden weitere 3–4 Minuten backen, damit der Teig ein ganz klein wenig Farbe bekommt.

Die Butter in einem kleinen Topf zerlassen und den Lauch und den Thymian hineingeben und mit etwas Salz und Pfeffer würzen. Den Lauch weich garen, ohne dass er bräunt.

Ei und Sahne mit dem Schneebesen aufschlagen und mit Salz und Pfeffer würzen. Den Lauch auf die Quicheböden verteilen, den zerkrümelten Stilton darüberstreuen und die Eiersahne darübergießen. Die Quiches 12–15 Minuten im Backofen backen, bis sich die Füllung gesetzt hat und etwas Farbe bekommen hat.

Spargel-Quiches mit dicken Bohnen

Ergibt 4 kleine Quiches

½ Menge Mürbeteig (siehe Seite 106)
100 g grüner Spargel
100 g ausgepalte dicke Bohnen
1 Ei
130 ml süße Sahne
1 EL klein gehackte krause Petersilie
Salz und frisch gemahlener schwarzer Pfeffer

Den Teig auf einer leicht mit Mehl bestaubten Arbeitsfläche 3 mm dick ausrollen und damit vier 10 cm große Quiche- oder Tarteformen auslegen. Die Förmchen mit dem Teig 30 Minuten kalt stellen, danach den Teig mit Backpapier abdecken, mit Backbohnen belegen und 12 Minuten im 180 °C (Gas Stufe 4) heißen Backofen blindbacken. Backbohnen und Backpapier entfernen und die Quicheböden weitere 3–4 Minuten backen, damit der Teig ein ganz klein wenig Farbe bekommt.

Den Spargel putzen, 2 Minuten in kochendem Salzwasser blanchieren, danach abtropfen lassen, kurz unter kaltem Wasser abschrecken und in 2–3 cm lange Stücke schneiden. Die Bohnen ebenfalls blanchieren, abtropfen lassen und abschrecken. Anschließend die Bohnen aus ihren Häutchen drücken.

Ei und Sahne mit dem Schneebesen aufschlagen und mit Salz und Pfeffer würzen. Spargel und Bohnen auf die Quicheböden verteilen, mit der Petersilie bestreuen und die Eiersahne darübergießen. Die Quiches 12–15 Minuten im Backofen backen, bis sich die Füllung gesetzt hat und etwas Farbe bekommen hat.

Quiches mit Krebsfleisch und Schnittlauch

Ergibt 4 kleine Quiches

½ Menge Mürbeteig (siehe Seite 106)
1 Ei
130 ml süße Sahne
125 g frisches weißes Krebsfleisch
60 g frisches braunes Krebsfleisch
1 EL kleine Schnittlauchröllchen
Salz und frisch gemahlener schwarzer Pfeffer

Den Teig auf einer leicht mit Mehl bestaubten Arbeitsfläche 3 mm dick ausrollen und damit vier 10 cm große Quiche- oder Tarteformen auslegen. Die Förmchen mit dem Teig 30 Minuten kalt stellen, danach den Teig mit Backpapier abdecken, mit Backbohnen belegen und 12 Minuten im 180 °C (Gas Stufe 4) heißen Backofen blindbacken. Backbohnen und Backpapier entfernen und die Quicheböden weitere 3–4 Minuten backen, damit der Teig ein ganz klein wenig Farbe bekommt.

Ei und Sahne mit dem Schneebesen aufschlagen und mit Salz und Pfeffer würzen. Das weiße und braune Krebsfleisch auf die Quicheböden verteilen, mit dem Schnittlauch bestreuen und die Eiersahne darübergießen. Die Quiches 12–15 Minuten im Backofen backen, bis sich die Füllung gesetzt hat und etwas Farbe bekommen hat.

Rohkostsalat mit Jackfrucht

Ein Hauch von Siam an der Jermyn Street 45. Mit ihrem gehaltvollen Fruchtfleisch gehört die Jackfrucht zu den Superfoods. Die Menge des Chilis und des Limettensafts sollten Sie ganz dem eigenen Geschmack anpassen.

Sollte Jackfrucht nicht verfügbar sein, kann sie hier durch grüne Mango ersetzt werden, die in Thailand sehr häufig für Salate verwendet wird und in asiatischen Supermärkten und online erhältlich ist.

Für 2 Personen

60 g Sojabohnensprossen
200 g Jackfrucht aus der Dose, abgetropft und in Scheiben geschnitten
2 kleine Möhren, in dünne Streifen geschnitten
¼ Salatgurke, in hauchdünne Scheiben geschnitten
½ Bund Frühlingszwiebeln, schräg in dünne Scheiben geschnitten
80 g Daikonrettich, in hauchdünne Scheiben geschnitten
1 rote Chilischote, entkernt und in hauchdünne Streifen geschnitten
2 EL klein gehackte Minze
2 EL frische Korianderblätter

Für das Dressing
50 ml Reisessig
30 ml Wasser
25 ml Limettensaft
15 g Zucker
1 rote Chilischote, entkernt und sehr fein gewürfelt
1 Knoblauchzehe, zerdrückt
¼ TL Salz

Sämtliche Zutaten für das Dressing in einem kleinen Topf aufkochen und rühren, bis sich der Zucker aufgelöst hat. Den Topf vom Herd nehmen und das Dressing abkühlen lassen.

Die Sojabohnensprossen 30 Sekunden in kochendem Wasser blanchieren, danach abtropfen lassen, unter kaltem Wasser abschrecken, erneut abtropfen lassen und in eine Salatschüssel geben. Das restliche Gemüse, die Chilistreifen und die Kräuter dazugeben. Das Dressing darübergießen und unterheben und den fertigen Salat sofort servieren.

Fortnums Waldorfsalat

Ein Waldorfsalat ohne Trauben, dafür mit eingelegten Walnüssen. Mit anderen Worten kein klassischer Waldorfsalat, sondern eine schlankere, anspruchsvollere Version. Der nach dem berühmten New Yorker Hotel benannte Salat wurde zumindest in England erst durch den fiktiven Hotelbesitzer Basil Fawlty so richtig berühmt, der, von John Cleese in der beliebten Sitcom Fawlty Towers verkörpert, seinen Gästen gereizt erklärt: »Die Waldorfs sind gerade aus«, um seine Wissenslücke zu verschleiern.

Der Senf liefert hier den nötigen Schwung.

Für 4 Personen

3 Stangen Staudensellerie plus eine Handvoll Sellerieblätter
2 Äpfel (Cox Orange)
8 sauer eingelegte Walnüsse (Walnut Pickles), in Scheiben geschnitten

Für die Mayonnaise
1 großes Eigelb
½ TL englischer Senf
1 TL glatter Dijonsenf
1 TL Weißweinessig
150 ml Pflanzenöl
1 Spritzer Zitronensaft
Salz und frisch gemahlener schwarzer Pfeffer

Für die Mayonnaise mit einem kleinen Schneebesen das Eigelb und die beiden Senfsorten gründlich aufschlagen und danach die Hälfte des Essigs unterrühren. Gleichmäßig weiterrühren und das Öl langsam dazutropfen lassen, damit es sich mit dem Eigelb verbindet. Gegen Ende auch den restlichen Essig unterrühren. Ist die Mayonnaise trotz des Öls zu dickflüssig, kann man sie mit ein wenig Wasser verdünnen. Nach Geschmack mit Zitronensaft, Salz und Pfeffer würzen.

Den Sellerie schälen, diagonal in dünne Scheiben schneiden und in eine Salatschüssel geben. Die Äpfel vierteln und die Kerngehäuse entfernen. Die Apfelviertel in dünne Scheiben schneiden und zum Sellerie geben. So viel Mayonnaise unterheben, dass alles davon überzogen ist (vermutlich bleibt etwas Mayonnaise übrig), und zum Schluss die Walnussscheiben und die Sellerieblätter darüberstreuen.

Radicchio-Salat mit Roter Bete

Ein leuchtend roter Wintersalat, der so gut schmeckt, wie er aussieht.

Vom Dressing bleibt etwas übrig, aber es hält sich ein paar Wochen im Kühlschrank und kann für fast alle Salate verwendet werden.

Für 4 Personen

400 g kleine Rote Bete
600 g gemischter Radicchio (Treviso, Chioggia, Tardivo)
2 TL Aceto Balsamico plus etwas mehr zum Servieren
ein paar Stängel rote Amaranthkresse

Für das Mimosa-Dressing
1 Zweig Estragon
30 ml Apfelessig
Saft von ¼ Zitrone
100 ml Rapskernöl
25 ml Pflanzenöl
Salz und frisch gemahlener schwarzer Pfeffer

In einer kleinen Schüssel oder in einem Shaker sämtliche Zutaten für das Dressing miteinander vermischen und über Nacht ruhen lassen, damit sich die Aromen verbinden.

Die Rote Bete auf ein Backblech legen, mit Alufolie abdecken und im auf 180 °C (Gas Stufe 4) vorgeheizten Backofen 45–60 Minuten backen, bis sie weich sind. Die Rote Bete abgedeckt abkühlen lassen, anschließend schälen und in kleine Schnitze schneiden.

Die Salatblätter voneinander lösen und in einer Salatschüssel mit 50 ml Mimosa-Dressing und dem Aceto Balsamico anmachen. Die Rote Bete unterheben, bis sie vom Dressing überzogen sind.

Auf jedem Teller je sechs Rote-Bete-Schnitze kreisförmig anrichten und die Salatblätter in der Mitte aufhäufeln. Einen Faden Balsamico um die Rote Bete ziehen und mit der Amaranthkresse garniert servieren.

Eis

»Wir haben einen Mitarbeiter, der zweifellos das beste Eis in ganz London herstellt. Wenn er manchmal an seinen eigenen Fähigkeiten zweifelt, schicken wir ihn los, um das Eis anderer Leute zu probieren. Kommt er dann zurück, ist sein Selbstvertrauen wiederhergestellt, denn er weiß, dass ihm immer noch niemand das Wasser reichen kann.«

ICES

Eis in seiner ganzen Herrlichkeit

Generationen aufgeregter kleiner Schleckermäuler sahen in Fortnum & Mason nur eine einzige Sache – das legendäre Fountain Restaurant. Denn hier zwischen den Leinentischdecken, dem stets frisch polierten amerikanischen Dekor und einer echten Zapfanlage für kohlensäurehaltige Getränke an der Theke wurden Eisträume wahr. Riesige Eisbecher mit frischem Obst, Nusssplittern, Schlagsahne und kandierten Früchten, Banana Splits und viele andere wunderbare Eiskreationen. Das Fountain Restaurant öffnete 1955, kurz nach dem Ende der Rationierungen, die 15 lange Jahre die englische Küche auf einen kulinarischen Tiefststand gebracht hatten, weshalb Kinder gar nicht mehr wussten, wie Zucker schmeckt. – Und dann das, das magische Fountain, der coole, aufregende Geschmack Amerikas, eine Portion Eis von Uncle Sam persönlich in der britischsten aller Institutionen.

Heute, 60 Jahre später, existiert das Fountain Restaurant zwar nicht mehr, aber Fortnums fantastische Eisbecher verzaubern immer noch die nächsten Kindergenerationen im The Parlour Restaurant. Die Zeiten, die Geschmäcker und die Rezepte mögen sich verändert haben, aber die Magie ist noch die gleiche.

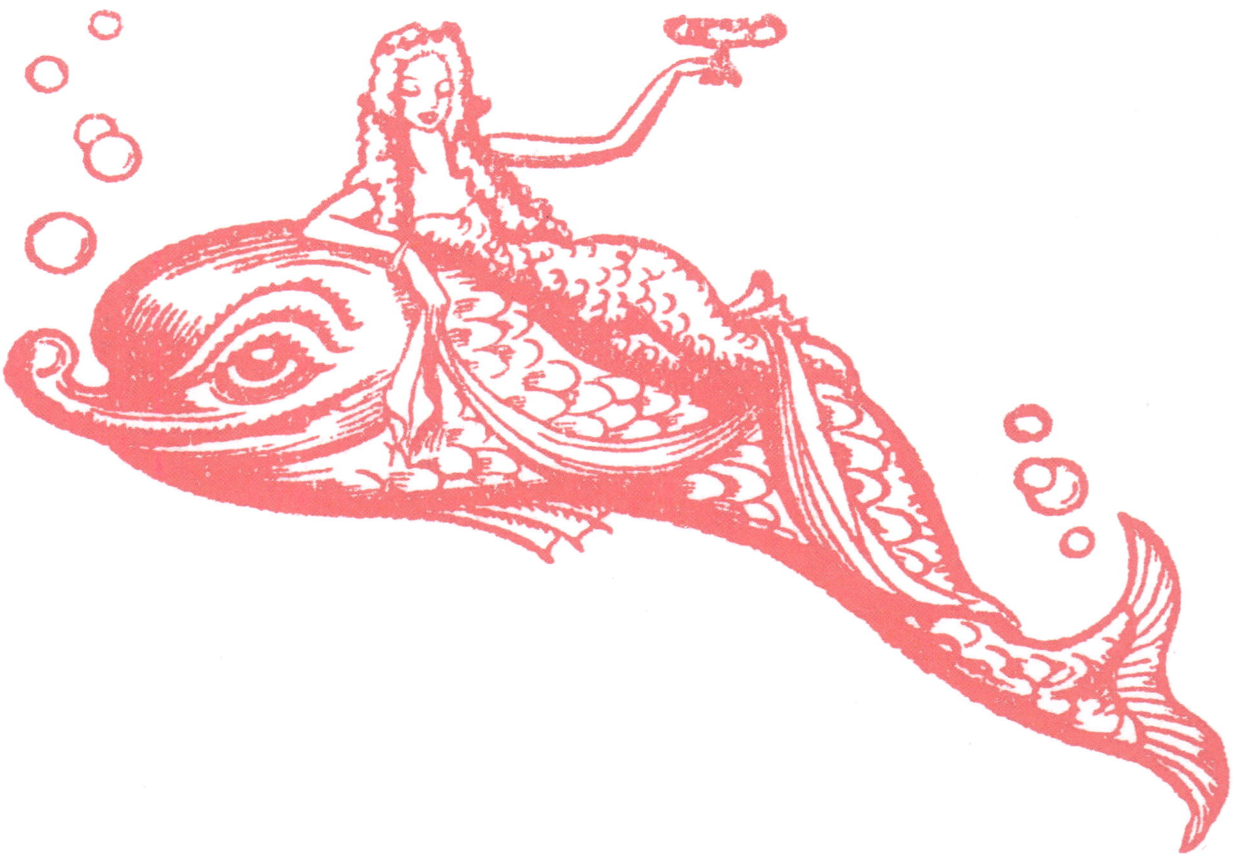

Eisbecher-Grundrezepte

Dunkle Schokoladensauce

125 ml süße Sahne
75 ml Milch
125 g dunkle Schokolade (mindestens 54 % Kakaoanteil), klein gehackt

Sahne und Milch in einem kleinen Topf aufkochen. Den Topf vom Herd nehmen und die dunkle Schokolade langsam einrühren, bis sie vollständig geschmolzen ist.

Karamellsauce

150 ml süße Sahne
75 g dunkelbrauner Zucker
15 g Butter

Sahne und Zucker in einem kleinen Topf aufkochen und rühren, bis der Zucker geschmolzen ist. Die Temperatur reduzieren und die Mischung 5 Minuten köcheln lassen. Den Topf vom Herd nehmen und die Butter unterrühren, bis sie geschmolzen ist.

Walnusssauce

75 g Walnusskerne
1 Menge Karamellsauce (siehe oben)

Die Walnüsse auf einem Backblech ausbreiten und 8–10 Minuten im auf 180 °C (Gas Stufe 4) vorgeheizten Backofen rösten, bis sie leicht gebräunt sind. Die gerösteten Walnüsse in die Karamellsauce einrühren.

Crème Chantilly

250 ml süße Sahne
1 Vanilleschote
1 EL Puderzucker

Die Sahne in eine hohe Schüssel gießen, die Vanilleschote längs aufschneiden und das Mark über der Schüssel herauskratzen. Den Puderzucker durch ein Sieb in die Schüssel geben und die Sahne steif schlagen.

Himbeerpüree

150 g frische Himbeeren
Puderzucker

Die Himbeeren durch ein Sieb streichen und die Kerne entfernen. Die pürierten Himbeeren nach Geschmack mit Puderzucker süßen.

Püree von schwarzen Johannisbeeren

150 g frische oder tiefgefrorene schwarze Johannisbeeren
40 g Zucker

Die Johannisbeeren mit dem Zucker und 1 EL Wasser in einem kleinen Topf erhitzen und gelegentlich umrühren, bis die Beeren weich sind und aufplatzen. Die Johannisbeeren durch ein Sieb streichen und abkühlen lassen. Nach Geschmack noch etwas mehr Zucker untermischen.

Baiser

Die bekannte Fernsehköchin Delia Smith hat einmal gesagt, die wichtigste Zutat für Baisers sei nicht Eiweiß, sondern Luft. Die durch das viele Rühren entstehenden winzigen Luftbläschen sind entscheidend für ein perfektes Baiser. Außen knusprig und innen weich. Das Eiweiß sollte mit dem Zucker so lange steif geschlagen werden, bis es so aufrecht steht wie die Schweizer Alpen. Dabei heißt es aufzupassen, dass nicht die kleinsten Rückstände von Eigelb oder Fett mit in die Schüssel gelangen, da der Eischnee sonst nicht richtig steif wird. Wer will, benutzt einen Schneebesen, aber mit einem elektrischen Handrührgerät geht es bedeutend schneller und das Ergebnis ist das gleiche. Für italienisches Baiser wird der Streuzucker lediglich durch heißen Zuckersirup ersetzt. Dadurch wird das Baiser voluminöser und steifer.

Baiserstäbchen und Baisertropfen

2 mittelgroße Eiweiß
100 g Zucker

Das Eiweiß schaumig aufschlagen und dann ein Drittel des Zuckers unterrühren, bis das Eiweiß fest wird. Das zweite Drittel so lange unterrühren, bis Eischnee entsteht, und zum Schluss den restlichen Zucker unterrühren, bis der Eischnee fest und glänzend ist.

Ein Backblech mit Backpapier belegen und den Einschnee in einen Spritzbeutel mit einer 5 mm großen Sterntülle füllen. Für die Stäbchen mit dem Spritzbeutel etwa 18 cm lange, gerade Linien auf das Backpapier spritzen. Für Baisertropfen den Eischnee in großen Tropfen mit einem Durchmesser von etwa 2,5 cm auf das Backblech spritzen. Das Baiser im 80 °C (Gasherd unterste Stufe) heißen Backofen trocknen, bis es sich ganz leicht vom Backpapier lösen lässt. Bei den Stäbchen dauert das etwa 1,5 Stunden, die Tropfen benötigen 2–3 Stunden Zeit. Anschließend vollständig abkühlen lassen.

Italienisches Baiser

2 mittelgroße Eiweiß
100 g Zucker
60 ml Wasser

Das Eiweiß in eine hohe Schüssel geben und beiseitestellen. Zucker und Wasser unter Rühren in einem kleinen Topf erhitzen, bis sich der Zucker aufgelöst hat. Nicht mehr rühren und die Temperatur erhöhen, bis der Sirup kocht und eine Temperatur von 118 °C erreicht hat (Zuckerthermometer zum Messen verwenden).

Parallel das Eiweiß steif schlagen und den 118 °C heißen Zuckersirup (aufpassen, dass der Sirup nicht zu heiß wird) fadenweise unter beständigem Rühren zum Eischnee geben. Die Masse so lange weiter steif schlagen, bis sich der Zucker vollständig im Eischnee aufgelöst hat und der Eischnee fest und kalt ist. Zum Schluss wie oben beschrieben backen.

Eisbecher

Banana Split

Eine Banane. Aufgeschnitten. Und dazwischen jede Menge Vanille-, Schokoladen- und Erdbeereis. Oh, und reichlich Nusssplitter, getrocknete Früchte, und natürlich die Maraschinokirsche nicht zu vergessen.

Eine Banane schälen und längs aufschneiden. Die Bananenhälften nebeneinander auf einen länglichen Teller legen und je eine Kugel Vanille-, Schokoladen- und Erdbeereis darauf verteilen. Mit dem Löffel oder einem Spritzbeutel eine Haube aus Crème Chantilly daraufsetzen, fünf bis sechs geviertelte Erdbeeren darübergeben, mit Schokoladen- und Karamellsauce beträufeln und mit gerösteten Mandelsplittern und einer Maraschinokirsche garnieren.

Eton-Mess-Eisbecher mit Limette und Basilikum

Eine Handvoll Erdbeeren vierteln und etwa 30 Minuten in ein wenig Zucker und dem Saft einer Limette marinieren. Ein paar klein gehackte Basilikumblätter untermischen.

Abwechselnd Vanille- und Erdbeereis in einen hohen Eisbecher füllen und dabei immer wieder etwas zerstoßenes Baiser darüberstreuen. Zum Schluss die Erdbeermischung darauf verteilen.

Mango-Limetten-Eisbecher

Eine reife Mango schälen und entsteinen. Das Fruchtfleisch in Würfel schneiden und etwa 30 Minuten in ein wenig Zucker und dem Saft einer Limette marinieren. Ein paar klein gehackte Minzeblätter untermischen. Abwechselnd Mango- und Limettensorbet in einen hohen Eisbecher füllen und mit der Mangosalsa beziehungsweise der marinierten Mango garnieren.

Knickerbocker Glory

Der grellbunte Eisbecher, der 1955 zum ersten Mal auf der Fountain-Speisekarte stand, erschien den nach Zucker dürstenden Kindern der 1950er-Jahre genauso exotisch wie nubische Tänzerinnen. Meine Eltern erzählen immer noch ehrfürchtig von dieser riesigen bunten Eismischung. »Ein Becher, genauso groß wie wir«, flüstern sie, wenn sie sich an die gewaltigen Mengen Erdbeer- und Vanilleeis, an das frische Obst, den Himbeersirup und an den ellenlangen Eislöffel erinnern. Damals garnierte man bei Fortnums den Eisbecher noch zusätzlich mit Knisterzucker, italienischem Baiser und Ananasstückchen, um ihn zum hauseigenen Meisterwerk zu machen. Eine ganze Generation Kinder wurde mit dem Eisbecher belohnt, bevor es ins Internat ging, was die lange Abwesenheit von zu Hause tatsächlich ein bisschen weniger schlimm erscheinen ließ. Na ja, beinah.

Einen Löffel Himbeerpüree in ein hohes Knickerbocker-Glory-Glas geben und das Glas schwenken, damit sich das Glas von innen rot färbt. Mit dem Spritzbeutel oder einem Löffel etwas Crème Chantilly ins Glas geben und mit klein geschnittener Ananas und Erdbeeren bestreuen. Jeweils eine Kugel Vanille- und Erdbeereis daraufsetzen und diese Reihenfolge wiederholen, nur vor der letzten Eiskugel ein paar zerstoßene Baisertropfen über das Eis krümeln. Den Eisbecher mit einem aufgespritzten Deckel aus italienischer Baisermasse abschließen und diese mit einem Flambierbrenner leicht bräunen. Mit einem Baiserstäbchen garniert servieren.

Chocolossus-Eisbecher

Diese Mischung ist die einfach die Krönung! Bananen- und Schokoladeneis mit Walnusssauce, Schlagsahne, Bananenchips und Chocolossus-Biskuits (kleine Schokoladenlebkuchen von Fortnum & Mason), die sich hier auch durch andere Schokoladenkekse ersetzen lassen.

Mit etwas Schokoladensauce Kringel über den Boden einer Eisschale ziehen und eine Kugel Bananeneis (Rezept siehe unten) und ein paar getrocknete Bananenchips daraufgeben. Danach eine Kugel Schokoladeneis und weitere Bananenchips hinzugeben. Nach Geschmack und für eine weitere Textur auch ein paar Minimarshmallows darüberstreuen. Crème Chantilly mit einem Löffel oder einem Spritzbeutel darübergeben. Mit fünf Schoko-Mokkabohnen etwas Schokoladen- und Walnusssauce garnieren und mit Crème Chantilly auffüllen. Bei Fortnum & Mason wird dieser Eisbecher mit zwei großen, superschokoladigen ChocolossusBiskuits serviert.

Ist kein Bananeneis erhältlich, lässt es sich im Nu selbst herstellen. Einfach vier reife Bananen klein schneiden und mindestens 2 Stunden einfrieren. Die gefrorenen Bananen mit 2 EL Honig und dem Schalenabrieb und dem Saft einer Limette in der Küchenmaschine pürieren und sofort servieren.

Dusty-Road-Eisbecher

Eine sehr beliebte Mischung aus Mokka- und Schokoladeneis mit Karamellsauce, Schlagsahne, Schokosplittern und einem Schokoladen-Macaron.

Mit etwas Schokoladensauce Kringel über den Boden einer Eisschale ziehen und eine Kugel Mokkaeis und danach eine Kugel dunkles Schokoladeneis, eine Kugel Mokkaeis und zum Schluss noch eine Kugel Schokoladeneis daraufgeben. Ein Mokka-Macaron in vier Teile brechen und zwischen die Eisschichten geben. (Alternativ etwas zerstoßenes Baiser verwenden, sollten keine Macarons erhältlich sein.) Crème Chantilly mit einem Löffel oder einem Spritzbeutel darauf verteilen, dunkle Schokolade darüberraspeln, mit Schokoladen- und Karamellsauce beträufeln und zum Schluss mit einem zweiten Macaron und zwei weißen Schokostäbchen dekorieren.

Black-Velvet-Eisbecher

Hier treffen schwarze Johannisbeeren als Eis, als Kompott und als Sauce auf Baiser und natürlich auf Crème Chantilly.

Für das Johannisbeerkompott 150 g schwarze Johannisbeeren mit 50 g Zucker und einer Zimtstange so lange köcheln lassen, bis die Johannisbeeren weich sind. Das fertige Kompott abkühlen lassen und abschmecken, um eventuell noch etwas Zucker hinzuzufügen.

Mit etwas schwarzer Johannisbeersauce Kringel über den Boden des Eisbechers ziehen und darauf abwechselnd je zwei Kugeln Vanille- und schwarzes Johannisbeereis setzen. Dazwischen ein paar zerbrochene Baisertropfen verteilen und Crème Chantilly mit einem Löffel oder einem Spritzbeutel darübergeben. Mit etwas schwarzer Johannisbeersauce, einem Löffel schwarzem Johannisbeerkompott und einem weißen Schokostäbchen garnieren.

Anstelle des Johannisbeereises passt hier auch wunderbar eine Granita von schwarzen Johannisbeeren. Für den Zuckersirup 150 g Zucker und 150 ml Wasser erhitzen und umrühren, bis sich der Zucker aufgelöst hat. Den Sirup aufkochen, 1–2 Minuten köcheln lassen und vom Herd nehmen. In einer Küchenmaschine den Sirup mit 500 g frischen oder tiefgefrorenen schwarzen Johannisbeeren, 100 ml Crème de Cassis und 1 EL Zitronensaft glatt pürieren. Das Püree durch ein feines Sieb streichen und in einem flachen, rechteckigen Behälter einfrieren. Nach etwa 2 Stunden die Oberfläche mit einer Gabel aufkratzen, damit sich größere Eiskristalle bilden. Das Gefäß für 1 Stunde zurück in das Tiefkühlfach stellen und danach erneut die Oberfläche aufkratzen, bis man am Ende eine Schale voller Eiskristalle hat.

Eis-Cocktails

Für all jene, die trotz fortgeschrittenen Alters im Herzen jung geblieben sind, hat man im 45 Jermyn St. diese wunderbaren Kreationen aus Eis und etwas Alkohol kreiert. Je hochwertiger die Spirituosen, desto größer der Genuss.

Float Nr. 10

Für 1 Glas

15 ml Champagner oder Sekt (vielleicht ist ja von der letzten Party noch etwas übrig)
15 g Zucker
25 ml Cocchi Vermouth di Torino
15 ml Campari
35 ml Sodawasser
2 Kugeln Orangensorbet (vorzugsweise Blutorange)
1 Orangen- oder Blutorangenscheibe
200 ml kalt aufgegossenen Zitronenverbene-Tee (20 g Zitronenverbene 2 Stunden in 200 ml kaltem Wasser ziehen lassen und danach durch ein Sieb abgießen)

Champagner oder Sekt in einen kleinen Topf gießen und um ein Drittel einkochen. Den Zucker unterrühren, bis er sich aufgelöst hat, und den Sirup abkühlen lassen (es lohnt sich, gleich etwas mehr Sirup zu machen und ihn im Kühlschrank für weitere Cocktails aufzubewahren).

Vermouth, Campari, Champagnersirup und Sodawasser in einem Shaker 10–15 Sekunden schütteln. Das Sorbet in ein vorgekühltes Cocktailglas geben, die Cocktailmischung darübergießen und mit einer Orangenschale garniert servieren.

Float Nr. 11

Für 1 Glas

45 ml Johannisbeersirup (siehe unten)
35 ml Gin
50 ml Sodawasser
1 Kugel Vanilleeis
1 Kugel Zitronensorbet
1 Rispe schwarze Johannisbeeren zum Garnieren

Für den Johannisbeersirup mit Zitronenverbene
30 g schwarze Johannisbeeren
60 g Zucker

Für den Sirup sämtliche Zutaten in einem kleinen Topf aufkochen und 15 Minuten köcheln lassen, bis die Flüssigkeit reduziert und eingedickt ist. Den Sirup durch ein feines Sieb abgießen und abkühlen lassen.

Gin, Sodawasser und 45 ml Johannisbeersirup (der Rest hält sich mehrere Tage im Kühlschrank) in einen Messbecher gießen und gut umrühren. Eis und Sorbet in ein vorgekühltes Cocktailglas geben, die Cocktailmischung darübergießen und mit schwarzen Johannisbeeren garniert servieren.

Afternoon Tea

»Unsere wunderbaren traditionellen Teemischungen passen hervorragend zu Sandwichs und anderen kleinen Köstlichkeiten.«

Battenberg-Kuchen

Fortnum & Mason serviert diesen bunten Kuchen seit 1926. Manche behaupten, der Kuchen wurde 1884 anlässlich der Vermählung von Prinzessin Victoria (Enkelin von Queen Victoria und Mutter von Lord Louis Montbatten) mit Prinz Ludwig von Battenberg zum ersten Mal gebacken. Andere behaupten, er sei im preußischen Battenberg erfunden worden. Und schließlich gibt es jene, die behaupten, es sei einfach ein englischer Kuchen, der ursprünglich »Kirchenfenster« geheißen habe, bis dieser Emporkömmling Battenberg in England angelandet sei. Auch wenn seine Herkunft im Dunkeln liegen mag, sein Geschmack ist jedenfalls vortrefflich.

Im Ersten Weltkrieg war der Battenberg-Kuchen ein unpatriotischer Leckerbissen. Während des Zweiten Weltkriegs ließ er sich aufgrund der Rationierung schwerlich backen, daher gibt es sogar das Gerücht, dass er von 1939 bis 1945 den Namen »Russischer Biskuit« trug.

Es gibt sogar eine spezielle Battenberg-Kuchenform, mit der sich die vier Biskuitstreifen separat backen lassen, die Farben also nicht verlaufen und man den Biskuit nach dem Backen nicht erst aufwendig zurechtschneiden muss.

Dieser ohne Fett gebackene Kuchen hält sich übrigens nicht lange und sollte daher zügig verzehrt werden, was vermutlich nicht sonderlich schwer allen dürfte.

Für einen 20 cm großen Kuchen

30 g Butter
150 g Weizenmehl
5 mittelgroße Eier
150 g Zucker
1 Vanillestange
gelbe und rote Lebensmittelfarbe
⅓–½ Glas Aprikosenmarmelade
Puderzucker zum Bestauben
500 g Marzipan

Die Butter bei niedriger Temperatur zerlassen und beiseitestellen. Das Mehl in eine Backschüssel sieben. In einer weiteren Schüssel Eier und Zucker zu einer blassen und schaumigen Mischung aufschlagen. Die Mischung sollte so dickflüssig werden, dass man auf ihrer Oberfläche eine Spur erkennt, wenn man den Mixer heraushebt. Das Mehl in drei Portionen nacheinander dazugeben und mit einem Metalllöffel behutsam unterheben, damit möglichst wenig Luft entweicht. Die Butter außen herum träufeln und ebenfalls unterheben.

Die Hälfte des Teigs in eine separate Schüssel geben, die Vanilleschote aufschneiden, über einer Teighälfte auskratzen und ein paar Tropfen gelbe Lebensmittelfarbe untermischen, um den Vanilleteig gelb zu färben. Unter den anderen Teig ein paar Tropfen rote Lebensmittelfarbe mischen, bis der Teig blassrosa ist.

Eine Battenberg-Kuchenform mit Butter auspinseln und mit Mehl bestauben. Den rosafarbenen Teig in zwei Unterteilungen gießen und in die anderen beiden Unterteilungen den gelben Teig füllen. Alternativ eine 20 cm × 16 cm große Teekuchenform längs in der Mitte mit Backpapier unterteilen und den rosafarbenen Teig in die eine Hälfte, den gelben Teig in die andere Hälfte füllen. Den Kuchen im auf 160 °C (Gas Stufe 3) vorgeheizten Backofen 20 Minuten backen, bis er aufgegangen ist und beim Einstechen mit einem Metallstab kein Teig mehr daran haften bleibt. Den Kuchen in der Form abkühlen lassen.

Mit einem Messer den Rand und die Unterteilungen der Backform entlangfahren und die Kuchenstreifen vorsichtig herauslösen. Eventuell mit einem Messer mit Wellenschliff die Oberflächen der Streifen gerade schneiden. Beim Backen mit einer normalen Kuchenform müssen die beiden Kuchenhälften längs in der Mitte durchgeschnitten werden und eventuell noch etwas auf Form geschnitten werden, damit vier längliche und exakt gleich große Streifen entstehen.

Die Aprikosenmarmelade etwas erwärmen und durch ein Sieb streichen. Je einen rosa und einen gelben Streifen auf einer Längsseite mit der Marmelade bepinseln und die Biskuitstreifen anschließend sanft zusammendrücken, damit sie aneinanderkleben. Die Oberfläche mit Marmelade bestreichen. Die restlichen beiden Streifen wie die ersten mit Marmelade zusammenkleben und auf die ersten beiden Streifen setzen, sodass ein Schachbrettmuster entsteht. Eventuell die Seiten noch einmal gerade schneiden.

Die Arbeitsfläche mit etwas Puderzucker bestauben und das Marzipan zu einem 4 mm dicken Quadrat ausrollen, das groß genug ist, um den Kuchen darin einzuwickeln. Die Ränder mit einem Messer gerade abschneiden und das Marzipan mit der restlichen warmen Marmelade bestreichen.

Den Kuchen auf den Rand des Marzipans legen und vorsichtig in die Marzipanmasse einschlagen. Überschüssiges Marzipan abschneiden und die Ränder gut zusammendrücken und glätten. Puderzuckerreste abbürsten und an den kurzen Seiten des Kuchens das Marzipan jeweils dreieckig einschneiden, sodass die Marzipanränder exakt zusammenpassen, wenn man sie einschlägt.

Teekuchen mit Orangenmarmelade

Ein wirklich leckerer und schnell gemachter Kuchen, für den man vermutlich alle Zutaten zu Hause hat. Eine Orange zur Hand zu haben, wäre schön, ist aber nicht zwingend erforderlich.

Ergibt 1 großen Teekuchen

175 g weiche Butter
175 g weicher hellbrauner Zucker
Schalenabrieb von 1 Orange
2 große Eier, leicht verquirlt
175 g Mehl
2 gestrichene TL Backpulver
1 Prise Salz
Saft von ½ Orange
250 g Orangenmarmelade

Butter, Zucker und Schalenabrieb zusammen gründlich aufschlagen, bis die Masse blass und schaumig ist. Die Eier nach und nach unterrühren und dann das Mehl mit dem Backpulver und dem Salz darübersieben und mit einem Metalllöffel unterheben. Zum Schluss den Orangensaft und 175 g Orangenmarmelade unterheben.

Den Teig in eine eingefettete und mit Backpapier ausgelegte 900-g-Kastenbackform füllen und im auf 160 °C (Gas Stufe 4) vorgeheizten Backofen 45–50 Minuten backen, bis der Kuchen aufgegangen und goldbraun ist. Mit einem Metallstab in der Mitte einstechen. Der Kuchen ist fertig gebacken, wenn beim Herausziehen kein Teig mehr daran haften bleibt.

Die restliche Orangenmarmelade in einem kleinen Topf sanft erwärmen und die noch warme Kuchenoberfläche damit einpinseln. Den Kuchen in der Form abkühlen lassen.

Mandelküchlein mit Himbeerfüllung

Leicht und köstlich. Mit Himbeerkonfitüre (oder Ihrer Lieblingskonfitüre) und einer Frangipane-Mischung als Füllung.

Ergibt 15 Küchlein

½ Menge süßer Mürbeteig (siehe Seite 248)
15 gehäufte TL Himbeerkonfitüre
120 g weiche Butter
80 g Zucker
2 Eier
70 g geriebene Mandeln
50 g Weizenmehl plus Mehl zum Bestauben
½ TL Backpulver
1 TL Mandelextrakt
Kokosraspeln zum Bestreuen
Puderzucker zum Bestauben

Den Teig auf einer leicht mit Mehl bestaubten Arbeitsfläche 3–4 mm dick ausrollen, 15 Kreise ausstechen und 15 kleine, eingefettete Muffinförmchen damit auslegen. Auf jeden Teigboden einen gehäuften TL Himbeerkonfitüre geben.

Butter und Zucker in einer Backschüssel schaumig aufschlagen. 1 Ei, dann einen Löffel geriebene Mandeln, das zweite Ei und zum Schluss die restlichen Mandeln unterrühren. Das Mehl und das Backpulver darübersieben und mit einem großen Metalllöffel unterheben. Am Ende den Mandelextrakt unterheben.

Die Mischung auf die Kuchenförmchen so aufteilen, dass die Konfitüre jeweils vollständig bedeckt ist. Ein paar Kokosraspeln darüberstreuen und die Küchlein im auf 160 °C (Gas Stufe 4) vorgeheizten Backofen 20–25 Minuten backen, bis sie ein wenig aufgegangen und goldbraun sind. Die Küchlein anschließend abkühlen lassen und vor dem Servieren mit Puderzucker bestauben.

Die Kunst, ein perfektes Sandwich zuzubereiten

Irgendwie konnte ich der offiziellen Geschichte des Sandwichs nie so richtig Glauben schenken. Damit meine ich die Mär vom angeblich so tief ins Kartenspiel vertieften Earl of Sandwich, der seinen Diener anwies, ihm etwas Fleisch zwischen zwei Brotscheiben zu legen und zu bringen, weil er zu faul war, seinen verwöhnten Hintern vom Tisch wegzubewegen. In einem Land, das Roastbeef und Brot verehrt, wird im Zweifel doch schon vorher jemand auf diese Kombination gekommen sein.

Bei Fortnum & Mason ist ein Sandwich natürlich kein reiner Sattmacher, den man nebenbei am Schreibtisch isst, um seine Arbeit nicht unterbrechen zu müssen. Ein Sandwich ist eher eine Kunstform und wird mit dem gleichen Aufwand zubereitet wie Teegebäck oder eine Terrine. Und das mit gutem Recht, denn für alle, die es wie ich gerne herzhaft mögen, ist ein Sandwich im Diamond Jubilee Tea Salon das Highlight des nachmittäglichen Tees. Ist das Restaurant gut besucht, werden in der Küche je 1000 Stück der vier verschiedenen Sandwichvariationen zubereitet, mit anderen Worten 4000 perfekt auf die gleiche Form geschnittene und belegte, wunderbar frische, weiche kleine Sandwichs, die es keinesfalls verdient haben, nur »Butterbrote« genannt zu werden. Bei Fortnum & Mason obliegt die Zubereitung der Sandwichs einer eigenen Küchenabteilung, einer kühlen, ruhigen Ecke fernab des normalen Geklappers, der heißen Küchendämpfe und der Hektik. In dieser Abteilung baut ein Koch (beziehungsweise an Wochenenden zwei Köche) von Sonnenaufgang bis Sonnenuntergang nach strengen Vorgaben kleine Kunstwerke aus Weißbrot und Gurken, dunklem Brot und Lachs, Mohnbrot mit Eiern und Mayonnaise und Körnerbrot mit Geflügelsalat für den endlosen Strom hungriger Gäste. Natürlich mit frisch gebackenem Brot und Füllungen, die alle paar Stunden frisch zubereitet werden. Die nicht zu feucht sein dürfen, damit das Brot nicht aufweicht. Und natürlich in der richtigen Menge. Selbstverständlich wird die Rinde abgeschnitten, bevor die Sandwichs wie kleine Soldaten alle auf eine Einheitsgröße zurechtgeschnitten, 30 Minuten unter einem Holzbrett sanft zusammengepresst werden. Nichts wird hier dem Zufall überlassen. Verweilen fertige Sandwichs noch ein paar Minuten in der Küche (was selten vorkommt), werden sie mit einem feuchten Tuch abgedeckt, um unwiderstehlich weich zu bleiben.

Was die Füllungen betrifft, so werden die Gurken geschält, in hauchdünne Scheiben geschnitten und mit leicht gesalzenem, frisch aufgeschlagenem Frischkäse bestrichen. Der geräucherte Lachs wurde vorher selbstverständlich im Haus gebeizt und wird frisch aufgeschnitten (anstelle fettiger Resteverwertung) und der Eiersalat mit Mayonnaise und der Geflügelsalat werden natürlich sowieso stets frisch zubereitet. Die wahre Kunst jedoch liegt in der Beständigkeit und dem immer exakt gleichen Aussehen der Sandwichs. Das klingt vielleicht profan, bedarf jedoch großer Erfahrung, Konzentration und einer ruhigen Hand. Diese Sandwichs sind alles andere als alltäglich, sondern vielmehr das Ergebnis jahrelanger Erfahrung und Besessenheit. Aber natürlich erwarten wir auch nichts anderes.

Sandwichs zum Nachmittagstee

Gurkensandwich mit Frischkäse und Minze

Ein Hauch von Minze und spritziger Zitrone sorgen für ein sommerliches Aroma. Durch das Salzen wird den Gurken überschüssiges Wasser entzogen, damit das Brot nicht aufweicht. Die fertigen Sandwichs vor dem Zuschneiden kurz unter einem Teller leicht zusammenpressen.

Ergibt 16 Sandwichstreifen

1 Salatgurke
200 g Frischkäse
2 EL klein gehackte Minze
Saft und Schalenabrieb einer ½ Zitrone
8 große Scheiben Weißbrot
Butter zum Bestreichen
Salz und frisch gemahlener weißer Pfeffer

Die Gurke schälen und auf die gleiche Länge wie die Brotscheiben zurechtschneiden. Die Gurke längs in hauchdünne Scheiben schneiden, diese nebeneinander auf ein Brett legen und mit Salz bestreuen. Die Gurkenscheiben 20 Minuten ruhen lassen und anschließend trockentupfen.

Den Frischkäse in einer kleinen Schüssel mit der Minze, dem Zitronensaft, der Zitronenschale und etwas Salz und Pfeffer aufschlagen.

Die Brotscheiben dünn mit Butter und etwas Frischkäse bestreichen. Vier Brotscheiben gleichmäßig mit den Gurkenscheiben belegen, mit den anderen Brotscheiben zusammenklappen, die Rinde abschneiden und jedes Sandwich in vier Streifen schneiden.

Sandwichs mit orientalischem Geflügelsalat

Der elegante indisch angehauchte Geflügelsalat wurde 1953 von der Kochbuchautorin Rosemary Hume für Büfetts bei Krönungsfeierlichkeiten in aller Welt kreiert und nennt sich daher bis heute »Coronation Chicken« (dt. Krönungshühnchen). Tatsächlich hat das Rezept seine Wurzeln in einem ähnlich hochnoblen Geflügelsalat, der 1935 anlässlich des silbernen Thronjubiläums von König Georg V. gereicht wurde. Bei Fortnum & Mason verzichtet man auf die Nüsse und verwendet stattdessen frischen Koriander, saftige Rosinen und Mangochutney, um dem Currygeschmack eine süße Note zu geben.

Ergibt 16 Sandwichstreifen

1 EL Pflanzenöl
1 ½ EL mildes Currypulver
1 TL Kurkuma
3 vorgegarte Hähnchenbrustfilets, ohne Haut und fein gewürfelt
8–9 EL hochwertige Mayonnaise
3 EL Mangochutney
1 EL klein gehackte helle Rosinen
2 EL klein gehackter Koriander
Salz und frisch gemahlener schwarzer Pfeffer
Butter zum Bestreichen
8 große Scheiben Weißbrot

Das Pflanzenöl in einer kleinen Pfanne langsam erhitzen und Currypulver und Kurkuma bei niedriger Temperatur 1 Minute einrühren. Die Pfanne vom Herd nehmen, das Öl etwas abkühlen lassen und dann das Hühnchenfleisch in eine Schüssel geben, das Öl mit den Gewürzen darübergießen und in die Fleischwürfel einreiben. Mayonnaise, Mangochutney und Rosinen untermischen und zum Schluss den Koriander unterheben und alles abschmecken.

Die Brotscheiben dünn mit Butter bestreichen und den Geflügelsalat auf vier der Scheiben verteilen. Mit den restlichen vier Brotscheiben bedecken, die Rinden abschneiden und die fertigen Sandwichs in jeweils vier Streifen schneiden.

Sandwichs mit geräuchertem Lachs und Sauce tartare

Der Klassiker mit geräuchertem Lachs und zusätzlicher Tartare-Würze, wobei man dem Lachs natürlich nicht die Show stehlen sollte. Fortnum & Mason bezieht seinen Lachs von VÅRLAKS, einem Zusammenschluss aus kleinen Familienbetrieben mit nachhaltigen, natürlichen Lachsfarmkonzepten, und räuchert ihn selbst. Nach Geschmack der Sauce tartare noch einen Spritzer Zitronensaft hinzufügen und davon gleich eine größere Portion zubereiten, da sie auch wunderbar zu Fish and Chips und gebratenem Fisch schmeckt.

Ergibt 16 Sandwichstreifen

100 g hochwertige Mayonnaise
15 g Kapern, klein gehackt
15 g kleine saure Gürkchen, fein gehackt
1 EL klein gehackter Dill
1 EL klein gehackter Schnittlauch
Butter zum Bestreichen
8 große Scheiben Körnerbrot
160 g Räucherlachs

Mayonnaise, Kapern, Gürkchen, Dill und Schnittlauch miteinander vermischen.

Die Brotscheiben dünn mit Butter bestreichen und vier Brotscheiben zusätzlich mit der Sauce tartare bestreichen und mit dem Lachs belegen. Mit den restlichen vier Brotscheiben bedecken, die Rinden abschneiden und die fertigen Sandwichs in jeweils vier Streifen schneiden.

Sandwichs mit Eiern und Senfkresse

Bei diesen Sandwichs muss ich immer daran denken, wie wir als Kinder Kresse auf Baumwollvlies selbst gesät haben. Ich liebe diesen leicht pfeffrigen Geschmack, den die Kresse der Mayonnaise verleiht. Wer es gerne noch etwas pikanter mag, gibt noch ein, zwei Tropfen Tabascosauce hinzu. Und falls Mohnbrot nicht erhältlich ist, dann schmeckt diese Mischung auch auf dunklem oder hellem Brot.

Ergibt 8 Sandwichstreifen

3 große Eier
75 g hochwertige Mayonnaise
1 Päckchen Senfkresse (oder eine andere kleinblättrige Kresse)
Butter zum Bestreichen
8 Scheiben Mohnbrot
Salz und frisch gemahlener schwarzer Pfeffer

Die Eier 10 Minuten hart kochen, bis auch das Eigelb wirklich fest ist. Die Eier unter kaltem Wasser abkühlen, pellen und mit einer groben Reibe reiben. Mayonnaise, geriebene Eier und Kresse vermischen und mit Salz und Pfeffer abschmecken.

Die Brotscheiben dünn mit Butter bestreichen und vier Brotscheiben zusätzlich mit der Eiermayonnaise bestreichen. Mit den restlichen vier Brotscheiben zudecken, die Rinden abschneiden und die fertigen Sandwichs in jeweils zwei Streifen schneiden.

Sandwichs mit geräuchertem Schinken und Senfmayonnaise

Hier ist richtig guter traditioneller, trockener Schinken gefragt und nicht dieser labbrige Formschinken aus der Massenproduktion. Am besten kocht man ihn selbst, denn dieser Aufwand lohnt sich wirklich. Ich koche meist gleich ein größeres Schinkenstück und genieße den Rest mit Bratkartoffeln und Spiegelei.

Ergibt 16 Sandwichstreifen

30 g englischer Senf
35 g flüssiger Honig
20 g weicher dunkler Zucker
2 Lorbeerblätter
150 ml Wasser
900 g ungeräucherter Schinkenbraten
Butter zum Bestreichen
8 große Scheiben Vollkornbrot

Für die Senfmayonnaise
80 g hochwertige Mayonnaise
2 TL Körnersenf
1 EL klein gehackter Estragon

In einem Topf, in den der Schinken hineinpasst, das Wasser mit dem englischen Senf, dem Honig, dem Zucker und den Lorbeerblättern aufkochen und umrühren, bis sich der Zucker aufgelöst hat. Den Schinken hineingeben und in der Zuckermischung wälzen. Den Topf zugedeckt für 1 Stunde in den auf 140 °C (Gas Stufe 1) vorgeheizten Backofen stellen und den Schinken in dieser Zeit immer mal wieder mit dem eigenen Saft übergießen.

Danach die Temperatur auf 190 °C (Gas Stufe 5) hochschalten, den Schinken in einen kleinen Bräter legen und 30 Minuten im Backofen rösten. Er soll Farbe bekommen, darf aber keinesfalls verbrennen. Anschließend den Schinken abkühlen lassen.

Mayonnaise, körnigen Senf und Estragon in einer kleinen Schüssel verrühren. Den Schinken in dünne Scheiben schneiden. Die Brotscheiben dünn mit Butter bestreichen und vier Brotscheiben zusätzlich mit der Senfmayonnaise bestreichen und mit dem Schinken belegen. Mit den restlichen vier Brotscheiben bedecken, die Rinden abschneiden und die fertigen Sandwichs in jeweils vier Streifen schneiden.

Sachertorte

Bei Fortnum & Mason wird der klassische österreichische Schokoladenkuchen ohne Aprikosenmarmelade gebacken, da Garfield Weston, der 1951 das Geschäft kaufte, ausgerechnet diese Marmelade nicht ausstehen konnte. Und was der Boss sagt …

Ergibt 1 Kuchen mit einem Durchmesser von 20 cm

250 g Weizenmehl
60 g gemahlene Mandeln
30 g Kakaopulver
250 g dunkle Schokolade (mit 55 % Kakaoanteilen)
250 g weiche Butter
310 g Zucker
10 Eigelb
8 Eiweiß
essbare Goldfolie zum Dekorieren (optional)

Für die Schokoladenganache
200 ml süße Sahne
40 ml flüssige Glukose
160 g dunkle Schokolade (mit 55 % Kakaoanteilen), klein gehackt

Für die Schokoladenglasur
10 g Blattgelatine
175 g Wasser
135 ml süße Sahne
225 g Zucker
75 g Kakaopulver

In einer Backschüssel Mehl, gemahlene Mandeln und Kakaopulver miteinander vermischen. Die Schokolade in Stücke brechen und im Wasserbad schmelzen. Parallel Butter und 250 g Zucker in einer großen Schüssel schaumig schlagen. Das Eigelb in vier Portionen unterrühren, danach die geschmolzene Schokolade und zum Schluss die Hälfte der Mehlmischung unterheben.

In einer weiteren Schüssel das Eiweiß steif schlagen und dabei nach und nach den restlichen Zucker untermischen. Einen großen Löffel dieser Baisermasse unter die Schokoladenmischung rühren, um sie aufzulockern. Danach erst die restliche Mehlmischung und dann die restliche Baisermasse unterheben.

Den fertigen Teig auf zwei eingefettete und mit Backpapier ausgelegte 20 cm große Springformen aufteilen und diese 30–40 Minuten in den auf 160 °C (Gas Stufe 3) vorgeheizten Backofen stellen. Die Kuchenböden sollten sich am Ende der Backzeit mit einem Spieß einstechen lassen, ohne dass Teig daran haften bleibt. Die Kuchenböden zunächst 5–10 Minuten in den Springformen abkühlen lassen und dann auf Kuchenroste stürzen und vollständig auskühlen lassen.

Für die Ganache die Sahne mit der Glukose aufkochen, den Topf vom Herd nehmen und die Schokolade einrühren, bis diese vollständig geschmolzen ist. Die Ganache so lange abkühlen lassen, bis sie streichbar ist, und dann einen der Kuchenböden damit bestreichen, den anderen daraufsetzen und den gesamten Kuchen außen und auf der Oberfläche dünn mit der restlichen Ganache bestreichen.

Für die Glasur die Gelatine etwa 5 Minuten in kaltem Wasser einweichen. Wasser, Sahne und Zucker in einem kleinen Topf aufkochen und so lange rühren, bis sich der Zucker aufgelöst hat. Mit dem Schneebesen das Kakaopulver untermischen und die Temperatur zurückschalten. Die Mischung 5–8 Minuten unter ständigem Rühren köcheln lassen, bis sie glatt und glänzend ist. Die Gelatine ausdrücken und in die Glasur einrühren, bis sie sich aufgelöst hat. Die Glasur abkühlen und eindicken lassen und dann über den Kuchen gießen und verstreichen, bis der Kuchen vollständig davon bedeckt ist. Sobald sich die Glasur gesetzt hat, kann man sie nach Geschmack mit etwas Goldfolie dekorieren.

Victoria-Sandwichkuchen

Ein Klassiker und vielleicht die Königin unter den englischen Kuchen, schließlich wurde er auch nach der Kaiserin von Indien benannt. Wichtig sind ein lockerer Biskuitteig und die beste Konfitüre, die man auftreiben kann, z. B. die Erdbeer- oder Himbeermarmelade von Fortnum & Mason.

Ergibt 1 Kuchen mit einem Durchmesser von 20 cm

225 g Weizenmehl
15 g Backpulver
240 g weiche Butter
240 g Zucker
4 große Eier, auf Raumtemperatur erwärmt und leicht verquirlt
Puderzucker zum Bestauben

Für die Füllung
150 g Erdbeermarmelade
250 ml süße Sahne
250 g Erdbeeren, geputzt und in Scheiben geschnitten

Das Mehl und das Backpulver in eine Schüssel sieben und beiseitestellen. In einer zweiten Schüssel die Butter mit dem Zucker schaumig rühren und nach und nach die Eier unterrühren. Dabei eventuell einen Löffel Mehl mit untermischen, falls die Mischung droht sich zu trennen. Zum Schluss das Mehl mit einem großen Metalllöffel, auf drei Portionen verteilt, unterheben.

Den fertigen Teig auf zwei eingefettete und mit Backpapier ausgelegte 20 cm große, runde, flache Backformen aufteilen und diese 25–30 Minuten in den auf 180 °C (Gas Stufe 4) vorgeheizten Backofen stellen, bis die Kuchenböden aufgegangen und goldbraun sind und sie sich am Ende der Backzeit mit einem Spieß einstechen lassen, ohne dass Teig daran haften bleibt. Die Kuchenböden zunächst 10 Minuten in den Springformen abkühlen lassen und dann auf Kuchenroste stürzen und vollständig auskühlen lassen.

Einen Kuchenboden mit der Erdbeermarmelade bestreichen und auf einen Kuchenteller setzen. Die Sahne steif schlagen und mit einem Spritzbeutel auf die Erdbeermarmelade spritzen oder mit einem Messer gleichmäßig auf der Marmelade verstreichen. Die Erdbeerscheiben auf der Schlagsahne verteilen, den zweiten Kuchenboden als Deckel daraufsetzen und mit Puderzucker bestauben.

Victoria-Sandwichkuchen mit Konditorcreme und Holunderblütengelee

Dieser Kuchen wird mit Diplomatencreme – einer Mischung aus Schlagsahne und Konditorcreme – bestrichen und mit in Würfel geschnittenem Holunderblütengelee und frischen Beeren garniert. Das Rezept klingt vielleicht ein wenig kompliziert, gelingt jedoch aufgrund der Einteilung in kleine Schritte spielend.

Ergibt 1 Kuchen mit einem Durchmesser von 20 cm

225 g Weizenmehl
15 g Backpulver
1 Vanilleschote
240 g weiche Butter
240 g Zucker
4 große Eier, auf Raumtemperatur erwärmt und leicht verquirlt
200 g gemischte sommerliche Beeren

Für das Holunderblütengelee
8 g Blattgelatine
200 ml Holunderblütensirup

Für die Konditorcreme
1 Vanilleschote
500 ml Vollmilch
125 g Zucker
6 große Eigelb
40 g Maisstärke
40 g Butter

Für die Diplomatencreme
250 ml süße Sahne

Das Mehl und das Backpulver in eine Schüssel sieben und beiseitestellen. Die Vanilleschote aufschneiden, das Mark herauskratzen und zusammen mit der Butter und dem Zucker in einer zweiten Schüssel schaumig schlagen. Nach und nach die Eier unterrühren und dabei eventuell einen Löffel Mehl mit untermischen, falls die Mischung droht sich zu trennen. Zum Schluss das Mehl mit einem großen Metalllöffel, auf drei Portionen verteilt, unterheben.

Den fertigen Teig auf zwei eingefettete und mit Backpapier ausgelegte 20 cm große, runde, flache Backformen aufteilen und diese 25–30 Minuten in den auf 180 °C (Gas Stufe 4) vorgeheizten Backofen stellen, bis die Kuchenböden aufgegangen und goldbraun sind und sich am Ende der Backzeit mit einem Spieß einstechen lassen, ohne dass Teig daran haften bleibt. Die Kuchenböden zunächst 10 Minuten in den Springformen abkühlen lassen und dann auf Kuchenroste stürzen und vollständig auskühlen lassen.

Für das Holunderblütengelee die Blattgelatine 5 Minuten in kaltem Wasser einweichen. In einem kleinen Topf den Holunderblütensirup erwärmen. Die Gelatine ausdrücken und so lange in den Sirup einrühren, bis sie sich völlig aufgelöst hat. Das Gelee in einen kleinen, rechteckigen Plastikbehälter füllen und kalt stellen, bis es fest ist und sich in kleine Würfel schneiden lässt. (Eine kleinere Menge herzustellen, wäre nicht sinnvoll, aber es ist mehr, als man zum Dekorieren des Kuchens benötigt.)

Für die Konditorcreme die Vanilleschote längs aufschneiden und das Mark herauskratzen. Die Vanillestange und das Mark mit der Milch in einem kleinen Topf kurz aufkochen, danach den Topf vom Herd nehmen und beiseitestellen. In einer großen Schüssel den Zucker mit dem Eigelb und der Maisstärke gründlich aufschlagen und unter ständigem Rühren mit dem Schneebesen langsam die heiße Milch dazugießen. Die Mischung durch ein feines Sieb zurück in den Topf geben und so lange unter ständigem Rühren bei niedriger Temperatur erhitzen, bis die Creme eindickt. Wird die Creme zunächst klumpig, einfach so lange weiterrühren, bis sie wieder glatt wird. Die Temperatur noch weiter zurückschalten, die Creme 2 Minuten sanft garen und dann vom Herd nehmen und die Butter unterrühren. Die fertige Konditorcreme in eine Schüssel gießen und die Oberfläche mit Küchenfolie abdecken, damit sich während des Abkühlens keine Haut bildet.

Für die Diplomatencreme 200 g der Konditorcreme in eine separate Schüssel geben. Die Sahne steif schlagen und unter die 200-g-Creme heben.

Zum Fertigstellen einen Kuchenboden mit der Konditorcreme bestreichen und mit dem zweiten Kuchenboden abdecken. Die Oberfläche mit der Diplomatencreme bestreichen und mit den Beeren und den Holunderblütengeleewürfeln dekorieren.

Royal-Blend-Teekuchen

Ein köstlicher Kuchen, der von einem Teesirup durchzogen ist. Fortnum & Mason verwendet dafür seine berühmte Teemischung Royal Blend aus Assam-Tee und einem blumigen Pekoe aus Ceylon. Natürlich können Sie dafür jeden guten Pekoe- und Assam-Tee mischen.

Ergibt 1 großen Teekuchen

350 g Sultaninen
300 ml heißes Wasser
1 ½ TL Royal-Blend-Teeblätter
225 g heller Muscovado-Zucker
275 g Weizenmehl
15 g Backpulver
Schalenabrieb von 1 Zitrone
1 Ei, leicht verquirlt

Für den Teesirup
100 g Zucker
100 ml Wasser
Schalenabrieb von ½ Zitrone
1 TL Royal-Blend-Teeblätter

Für die Aprikosen-Tee-Glasur (optional)
1 TL Royal-Blend-Teeblätter
75 g Aprikosenmarmelade

Die Sultaninen in eine kleine Schale geben. Mit dem heißen Wasser den Tee aufbrühen und 5–10 Minuten ziehen lassen. Den Tee durch ein Sieb über die Sultaninen gießen, damit sie mindestens 2 Stunden, am besten über Nacht, darin ziehen können.

Die Sultaninen mit der restlichen Flüssigkeit in eine Backschüssel geben. Zucker, Mehl, Backpulver, Zitronenschale und Ei mit einem Holzlöffel untermischen und den Teig in eine gefettete und mit Backpapier ausgelegte Kastenbackform (für 1 kg) füllen. Den Kuchen im auf 150 °C (Gas Stufe 2) vorgeheizten Backofen 60–75 Minuten backen, bis er aufgegangen ist und man ihn mit einem Metallspieß in der Mitte einstechen kann, ohne dass daran Teig haften bleibt.

In der Zwischenzeit den Sirup zubereiten und dafür Zucker, Wasser und Zitronenschale in einem kleinen Topf aufkochen und umrühren, bis sich der Zucker aufgelöst hat. Die Hitze reduzieren, den Sirup 3–5 Sekunden köcheln lassen, danach die Teeblätter einrühren und den Topf vom Herd nehmen und zudecken. Den Tee 15 Minuten im Sirup ziehen lassen.

Den fertigen Kuchen aus dem Backofen nehmen und mit einem dünnen Holzspieß überall bis zum Boden einstechen. Den warmen Sirup durch ein Sieb gießen und dadurch gleichmäßig über den Kuchen träufeln. Den Kuchen noch mindestens 15 Minuten in der Backform belassen und dann auf einen Kuchenrost stürzen und abkühlen lassen.

Für die optionale Aprikosenglasur 25 ml heißes Wasser über die Teeblätter gießen, den Tee 5 Minuten ziehen lassen und danach durch ein Sieb in einen kleinen Topf gießen. Die Aprikosenmarmelade dazugeben und beides sanft erwärmen und glatt rühren. Die fertige Glasur durch ein feines Sieb in eine Schüssel streichen und den Kuchen damit bestreichen.

Rosen-Eclairs

Der Trick ist der Brandteig, der gerade ein bisschen länger im Ofen backen sollte, als man denkt. Wählen Sie hochwertiges Rosenwasser. Ich mag türkisches Rosenwasser, das man online bestellen kann.

Ergibt 20 Eclairs

Für den Brandteig
100 g Weizenmehl
75 ml Vollmilch
75 ml Wasser
75 g Butter, gewürfelt
3 mittelgroße Eier, leicht verquirlt

Für die Rosen-Konditorcreme
1 Vanilleschote
400 ml Vollmilch
100 g Zucker
8 große Eigelb
30 g Maisstärke
20 g Butter
4 TL Rosenwasser, oder nach Geschmack
120 ml süße Sahne

Für die Glasur
300 g Puderzucker
2 TL Zitronensaft
etwa 2 EL Wasser
ein paar Tropfen rosa Lebensmittelfarbe
ein paar frische, unbehandelte Rosenblätter zum Dekorieren (optional)

Für den Brandteig das Mehl auf einen kleinen Bogen Backpapier sieben. Milch, Wasser und Butter in einem Stieltopf auf mittlere Temperatur erhitzen. Sobald die Butter geschmolzen ist und die Mischung kocht, den Topf vom Herd nehmen und das Mehl mit einem Holzlöffel einrühren. Den Topf zurück auf den Herd stellen und die Mischung unter ständigem Rühren erneut 2 Minuten erhitzen. Den Teig 5–10 Minuten abkühlen lassen, bis er nur noch warm ist, und dann mit einem elektrischen Handrührgerät nach und nach die Eier gründlich unterrühren. Der Teig sollte am Ende zäh und glänzend sein und vom Löffel fallen, wenn man ihn ein wenig bewegt.

Den Brandteig in einen Spritzbeutel mit einer 1 cm großen, glatten Tülle füllen. Zwei Backbleche mit Backpapier belegen und darauf mit viel Abstand 9–10 cm lange Teigrollen spritzen, denn der Teig geht beim Backen sehr auf. Die Eclairs im auf 200 °C (Gas Stufe 6) vorgeheizten Backofen 25 Minuten backen, bis sich eine goldbraune Kruste gebildet hat und sie hohl klingen, wenn man auf ihre Unterseite klopft. Die Eclairs auf einem Kuchenrost abkühlen lassen.

Für die Konditorcreme die Vanilleschote aufschneiden und das Mark herauskratzen. Die Milch mit dem Vanillemark in einem Topf kurz aufkochen und danach beiseitestellen. In einer großen Schüssel den Zucker mit dem Eigelb und der Maisstärke gründlich aufschlagen und unter ständigem Rühren mit dem Schneebesen langsam die heiße Milch dazugießen. Die Mischung zurück in den Topf geben und so lange bei niedriger Temperatur erhitzen und beständig rühren, bis die Creme eindickt. Eventuell wird sie zunächst klumpig, dann einfach so lange weiterrühren, bis sie wieder glatt wird. Die Temperatur noch weiter zurückschalten, die Creme 2 Minuten sanft garen, dann vom Herd nehmen und erst die Butter und dann das Rosenwasser unterrühren. Die fertige Creme in eine Schüssel gießen und die Oberfläche mit Küchenfolie abdecken, damit sich während des Abkühlens keine Haut bildet.

Die Sahne steif schlagen. Die Konditorcreme etwas aufschlagen und dann die Schlagsahne unterheben. Die Creme abschmecken und eventuell noch etwas Rosenwasser untermischen. Die Creme in einen Spritzbeutel mit einer Lochtülle (5 mm) füllen. Mit einem spitzen Gegenstand vorsichtig drei Löcher in die Eclairs bohren, als drehe man eine Schraube hinein. Die Tülle in die äußeren beiden Löcher stecken und Creme hineinspritzen, bis sich das Eclair schwer anfühlt und die Füllung aus allen drei Löchern herausquillt. Überschüssige Füllung abstreifen.

Für die Glasur den Puderzucker in eine Schüssel sieben und den Zitronensaft untermischen. Nach und nach so viel Wasser unterrühren, bis die Glasur die Konsistenz von zähflüssigem Sirup hat. Lebensmittelfarbe tropfenweise untermischen, bis die Glasur hellrosa ist. Die Oberseite der Eclairs in die Glasur tauchen und die Glasur anschließend trocknen lassen und nach Belieben mit Rosenblättern dekorieren.

Scones

Das vielleicht britischste Gebäck zum Nachmittagstee sollte von goldener Farbe sein und außen ein wenig Biss haben, bevor seine weiche, warme Mitte auf der Zunge zergeht. Für den vollendeten Genuss bestreicht man Scones natürlich mit reichlich Clotted Cream (dicker Sahne) und Erdbeermarmelade.

Diese Scones sind dank des italienischen Mehls (Typ 00) und der zwei Ruhezeiten besonders leicht und die besten, die ich je gegessen habe.

Ergibt etwa 15 Scones

400 g Weizenmehl Typ 00
20 g Backpulver
½ TL Salz
115 g Butter, gewürfelt
80 g Zucker
175 g Vollmilch
1 Ei, leicht verquirlt zum Glasieren
Puderzucker zum Bestauben

Mehl, Backpulver und Salz in eine Backschüssel sieben. Die Butter hinzugeben und mit den Fingerspitzen untermischen, bis der Teig feinen Bröseln gleicht. Den Zucker unterrühren und dann die Milch dazugießen und gerade so lange untermischen, bis ein weicher Teig entsteht. Durch zu langes Rühren werden die Scones zu kompakt. Die Backschüssel mit Küchenfolie abdecken und den Teig 30 Minuten ruhen lassen.

Den Teig auf einer leicht mit Mehl bestaubten Arbeitsfläche 1,5 cm dick ausrollen und mit einem 5,5 cm großen, runden Ausstecher Kreise ausstechen. Die Scones auf ein mit Backpapier ausgelegtes Backblech legen, mit dem verquirlten Ei bepinseln und erneut 30 Minuten ruhen lassen.

Die Scones in einem auf 180 °C (Gas Stufe 4) vorgeheizten Backofen 12–15 Minuten backen, bis sie gut aufgegangen und goldbraun geworden sind. Die Scones anschließend auf einem Kuchenrost abkühlen lassen und vor dem Servieren mit Puderzucker bestauben.

Variation: Rosinen-Scones
Obiger Anleitung folgen und vor der Zugabe der Milch 50 g helle Rosinen unter den Teig mischen.

Scones mit braunem Taschenkrebsfleisch

Das braune Krebsfleisch fristet häufig ein Schattendasein, da weißes Krebsfleisch so viel eleganter wirkt. Dabei hat das braune Fleisch ein kräftigeres Aroma, sodass man es mit dem Geschmack von Rotwein im Verhältnis zu Weißwein vergleichen könnte. Die Scones schmecken dank des braunen Krebsfleisches wunderbar nach Meer und auch wenn man es fertig abgepackt im Handel findet, liebe ich es, die Taschenkrebse selbst auszunehmen und das weiße Fleisch für Sandwichs und das braune Fleisch für ebendiese Scones zu verwenden.

Ergibt etwa 10 Scones

360 g Weizenmehl Typ 00
20 g Backpulver
½ TL Salz
105 g Butter, gewürfelt
25 g frisch geriebener Parmesankäse
100 g braunes Krebsfleisch
Schalenabrieb von 1 Zitrone
175 g Vollmilch
1 Ei, leicht verquirlt zum Glasieren

Mehl, Backpulver und Salz in eine Backschüssel sieben. Die Butter hinzugeben und mit den Fingerspitzen untermischen, bis der Teig feinen Bröseln gleicht. Den Parmesankäse, das Krebsfleisch und die Zitronenschale unterrühren und dann die Milch dazugießen und gerade so lange untermischen, bis ein weicher Teig entsteht. Durch zu langes Rühren werden die Scones zu kompakt. Die Backschüssel mit Küchenfolie abdecken und den Teig 30 Minuten ruhen lassen.

Den Teig auf einer leicht mit Mehl bestaubten Arbeitsfläche 1,5 cm dick ausrollen und mit einem 5,5 cm großen, runden Ausstecher Kreise ausstechen. Die Scones auf ein mit Backpapier ausgelegtes Backblech legen, mit dem verquirlten Ei bepinseln und erneut 30 Minuten ruhen lassen.

Die Scones in einem auf 180 °C (Gas Stufe 4) vorgeheizten Backofen 12–15 Minuten backen, bis sie gut aufgegangen und goldbraun geworden sind. Die Scones anschließend auf einem Kuchenrost abkühlen lassen.

Scones mit Cheddar-Käse und karamellisierten Zwiebeln

Ein klassische Kombination salziger Aromen. Das Karamellisieren der Zwiebeln dauert 30 Minuten, was für die Zubereitung von Scones lange erscheinen mag, aber der Aufwand lohnt sich.

Ergibt etwa 10 Scones

360 g Weizenmehl Typ 00
20 g Backpulver
½ TL Salz
105 g Butter, gewürfelt
25 g frisch geriebener Parmesankäse
60 g frisch geriebener Cheddar-Käse
175 g Vollmilch
1 Ei, leicht verquirlt zum Glasieren

Für die karamellisierten Zwiebeln
25 g Butter
1 Gemüsezwiebel, klein gewürfelt
1 Prise Salz

Für die karamellisierten Zwiebeln die Butter in einem Topf zerlassen, die Zwiebeln und das Salz hinzugeben und Zwiebeln darin zugedeckt langsam weich und glasig schwitzen. Den Deckel entfernen, die Temperatur erhöhen und gelegentlich umrühren, bis die Zwiebeln leicht gebräunt und sehr weich sind. Die Zwiebeln vom Herd nehmen und beiseitestellen.

Mehl, Backpulver und Salz in eine Backschüssel sieben. Die Butter hinzugeben und mit den Fingerspitzen untermischen, bis der Teig feinen Bröseln gleicht. Den Käse und die karamellisierten Zwiebeln unterrühren und dann die Milch dazugießen und gerade so lange untermischen, bis ein weicher Teig entsteht. Durch zu langes Rühren werden die Scones zu kompakt. Die Backschüssel mit Küchenfolie abdecken und den Teig 30 Minuten ruhen lassen.

Den Teig auf einer leicht mit Mehl bestaubten Arbeitsfläche 1,5 cm dick ausrollen und mit einem 5,5 cm großen, runden Ausstecher Kreise ausstechen. Die Scones auf ein mit Backpapier ausgelegtes Backblech legen, mit dem verquirlten Ei bepinseln und erneut 30 Minuten ruhen lassen.

Die Scones in einem auf 180 °C (Gas Stufe 4) vorgeheizten Backofen 12–15 Minuten backen, bis sie gut aufgegangen und goldbraun geworden sind. Die fertigen Scones anschließend auf einem Kuchenrost abkühlen lassen.

Scones mit Stilton und Heidelbeeren

Fortnum & Mason vertreibt seit mindestens 1849 Stilton und wird dafür seit über 40 Jahren aus der gleichen Molkerei beliefert. In der Presse heißt es in den 1920er-Jahren: »Stiltons aus den Molkereien Leicestershire, wie ihn der Adel schätzt und im Überfluss davon verlangt.«

Die Heidelbeermarmelade gibt dem Ganzen eine dezente Süße.

Ergibt etwa 10 Scones

360 g Weizenmehl Typ 00
20 g Backpulver
½ TL Salz
105 g Butter, gewürfelt
85 g Stilton-Käse, zerkrümelt
20 g frisch geriebener Parmesankäse
25 g Heidelbeermarmelade
120 g Vollmilch
1 Ei, leicht verquirlt zum Glasieren

Mehl, Backpulver und Salz in eine Backschüssel sieben. Die Butter hinzugeben und mit den Fingerspitzen untermischen, bis der Teig feinen Bröseln gleicht. 50 g Stilton, den Parmesan und die Heidelbeermarmelade unterrühren und dann die Milch dazugießen und gerade so lange untermischen, bis ein weicher Teig entsteht. Durch zu langes Rühren werden die Scones zu kompakt. Die Backschüssel mit Küchenfolie abdecken und den Teig 30 Minuten ruhen lassen.

Den Teig auf einer leicht mit Mehl bestaubten Arbeitsfläche 1,5 cm dick ausrollen und mit einem 5,5 cm großen, runden Ausstecher Kreise ausstechen. Die Scones auf ein mit Backpapier ausgelegtes Backblech legen, mit dem verquirlten Ei bepinseln und dem restlichen Stilton garnieren und erneut 30 Minuten ruhen lassen.

Die Scones in einem auf 180 °C (Gas Stufe 4) vorgeheizten Backofen 12–15 Minuten backen, bis sie gut aufgegangen und goldbraun geworden sind. Die fertigen Scones anschließend auf einem Kuchenrost abkühlen lassen.

Pikante Häppchen

»Von den Tiefen der Sieben Weltmeere bis zu den höchsten Berggipfeln durchstöbern wir jeden entlegenen Winkel dieser Welt auf der Suche nach kuriosen und stimulierenden Neuheiten.«

Savouries – Pikante Häppchen

Diese wundervollen kleinen, pikanten und mundgerechten Leckereien werden häufig als Lückenfüller nach einem üppigen Hauptgang und vor den süßen Früchtchen gereicht. Mit anderen Worten, sie sind der vorletzte Gang einer wahrhaft zivilisierten Mahlzeit. Scotch Woodcock und Welsh Rarebit Toasties, gefüllte Schinkenröllchen und Canapés Ivanhoe ... wer könnte ihrem mannigfaltigen Charme schon widerstehen? »Ein Triumph für die britische Küche« nannte sie der Lebemann und Polemiker P. Morton Shand. Und dann gibt es ja auch noch Käse – aber »Savouries« sind eben ein eigener, genussvoller Gang.

Sie sollten beruhigen und stimulieren. Sozusagen als Special-Forces-Einheit bei einer ausgiebigen Abendgesellschaft gedacht, um die letzten unbefriedigten Gelüste der Gäste zu beseitigen. Und mit all ihren männlichen, scharfen Aromen waren sie eher als Gaumenfreuden der Gentlemen in den holzverkleideten Speisesälen der alten Saint James Clubs zu finden als in den eleganten Salons der modernen Damen. »Ein wunderbarer Abschluss einer Mahlzeit ähnlich einem Bonmot oder einer geistreichen Bemerkung am Ende einer netten Unterhaltung« nannte sie der Kochbuchautor Ambrose Heath, der den »good savouries« einen eigenen Band widmete.

Diese üppigen und schweren Mahlzeiten mögen ihre Berechtigung haben, wären heutzutage aber ein wahrer Kraftaufwand. Vor allem haben sich die Geschmäcker verändert und unsere (nun ja, überwiegend) empfindlicheren Mägen vertragen diese Völlereien einfach nicht mehr. Das bedeutet jedoch mitnichten, dass die Savouries das Schicksal der Schildkrötensuppe teilen müssen. Vielmehr sind diese unverfälschten, pikanten Aromen zeitlos und Käse, Anchovis, gepökeltes Schweinefleisch und Cayennepfeffer wichtige Mitstreiter in dieser köstlichen Kavalkade. Dünner, richtig warmer, gebutterter Toast als Grundlage für all die gastronomische Größe. Aber auch Tartelettes, dicke Brotscheiben, salzige Kekse und Blätterteigpasteten wurden belegt und gefüllt.

Für mich ist das Schönste an diesen pikanten Häppchen, dass man sie zu jeder Tageszeit essen kann – als kleinen Imbiss in der Frühstückspause, als leichtes Mittagessen, als Grundlage für den Cocktail, als kleines Abendessen oder als Mitternachtssnack. Und natürlich je nach Geschmack auch als Canapé. Scharf gewürzte Sardinen, um nur ein Beispiel zu nennen, sind nicht nur kostengünstig und schnell beziehungsweise in letzter Sekunde mit Zutaten aus dem Vorratsschrank zubereitet, sondern sie schmecken auch fantastisch. Das Gleiche gilt für überbackenen Käsetoast. Und mischt man noch etwas Bier unter den Käse und lässt ihn im Backofen blubbern und goldbraun werden, nennt sich das Ganze »Welsh Rarebit«, ein kleines Gericht, das Fortnum & Mason sicherlich nicht erfunden, wohl aber perfektioniert hat.

Okay, niemand (außer dem Geist von Fanny Cradock) würde heute noch mal eben nebenbei Vol-au-Vents-Pasteten anbieten, denn die Zubereitung dieser aufwendigen Schönheiten sollte man sich lieber für einen ruhigen Regentag vorbehalten. Aber keine Angst vor diesem wilden Geschmack längst vergangener Tage. Ich bin immer noch begeistert vom Anblick eines kleinen Savoury nach dem Genuss eines üppigen Hauptgangs, aber Sie sollten es einfach als einen kleinen Imbiss ansehen, den man in endlosen Variationen zubereiten und zu jeder Tageszeit servieren kann.

Canapés Ivanhoe

Im eigentlichen Sinne zwar kein Canapé, sondern ein pikanter Imbiss mit geräuchertem Schellfisch, der in Sahne und Weißwein gegart und auf einem gebratenen Pilz serviert wird. Ich bin nicht sicher, was das mit Sir Walter Scotts Schwarzem Ritter zu tun hat, außer dass dieses Savoury ebenfalls auf beruhigende Weise ehrlich, nobel und verlässlich ist und zu jeder Tageszeit bereitstehen kann.

Für 4 Personen

4 mittelgroße, flache Champignons
Olivenöl zum Beträufeln
4 Zweige Thymian
20 g Butter
250 g geräucherter Schellfisch, ohne Haut, in 2 cm große Würfel geschnitten
2 EL Weißwein
100 ml süße Sahne
1 Prise Cayennepfeffer
1 Spritzer Zitronensaft
1 ½ EL klein gehackte glatte Petersilie
4 Scheiben Graubrot oder Sauerteigbrot, getoastet
Salz und frisch gemahlener schwarzer Pfeffer

Die Pilze putzen, die Stiele entfernen und die Köpfe auf ein Backblech legen. Die Pilze mit etwas Olivenöl beträufeln, mit Salz und Pfeffer würzen und mit ein paar Thymianblättern bestreut im auf 180 °C (Gas Stufe 4) vorgeheizten Backofen 8 Minuten weich backen und danach beiseitestellen.

Die Butter in einem kleinen Topf zerlassen und die Schellfischwürfel darin garen, bis sie weiß werden. Den Weißwein dazugießen und köcheln lassen, bis er beinah vollständig verdampft ist. Die Sahne, den Cayennepfeffer und etwas schwarzen Pfeffer untermischen. Den Fisch weitere 5–6 Minuten garen, bis die Sahne etwas eingekocht ist und den Schellfisch dünn ummantelt. Einen Spritzer Zitronensaft untermischen, abschmecken, eventuell nachwürzen und zum Schluss 1 EL Petersilie unterheben.

Die Toastscheiben auf vier Teller verteilen und darauf jeweils einen Pilz geben. Den Schellfisch darauf verteilen und mit der restlichen Petersilie bestreut servieren.

Welsh Rarebit Toasts

Woher der mit Käse überbackene Toast seinen Namen hat, ist nicht bekannt, wohl aber, dass der Cheddar-Käse mit Senf, Worcestershiresauce, einem ganzen Ei und etwas Bier gemischt wird. Bei Fortnum & Mason verwendet man dafür Guinness, aber anderes Starkbier oder dunkles Bier tut es hier auch. Beim Überbacken sollte die Käsemischung Blasen werfen und bräunen, bevor sie mit einer gegrillten halben Tomate und ein paar Tropfen Worcestershiresauce garniert wird. Ein Kunde liebt dieses Gericht so sehr, dass er jedesmal, wenn er von Santa Barbara/Kalifornien nach London fliegt, nur seine Koffer im Stafford-Hotel abstellt und nicht mal eincheckt, bevor er nicht auf der anderen Straßenseite eine Portion Rarebits gegessen hat. Richtig zubereitet machen diese Käsetoasts eben süchtig.

Für 4 Personen

4 Scheiben Graubrot oder Sauerteigbrot
2 Tomaten, halbiert
Meersalz und frisch gemahlener schwarzer Pfeffer

Für den Rarebit-Belag
4 TL Guinness-Bier
1 TL englischer Senf
½ TL Worcestershiresauce
ein paar Tropfen Tabascosauce
1 Ei
250 g reifer Cheddar-Käse, gerieben

Für den Belag Guinness, Senf, Worcestershiresauce, Tabasco und das Ei in einer Schüssel gründlich verrühren und dann den geriebenen Käse untermischen. Das Brot kurz toasten, mit der Käsemischung bestreichen und unter dem heißen Backofengrill goldbraun rösten, danach im auf 180 °C (Gas Stufe 4) vorgeheizten Backofen 3 Minuten backen.

Parallel die Tomatenhälften unter dem heißen Grill rösten, bis sie ein wenig Farbe bekommen und, die Rarebit Toasts jeweils mit etwas Meersalz und frisch gemahlenem Pfeffer bestreut und mit einer Tomatenhälfte servieren.

Scotch Woodcock

Ein Klassiker, der seinen Namen einem englischen Witz verdankt. Lange Zeit machten sich die Briten über den berühmt-berüchtigten Geiz der Schotten lustig und nannten diese Häppchen »Schottische Waldschnepfen«, um anzudeuten, dass man in Schottland anstelle des teuren Wildfleischs lieber zu billiger Sardellenpaste griff. Ein ziemlich schlechter Witz, aber nichtsdestotrotz ein sehr schmackhaftes kleines Gericht.

Für 2 Personen

5 braune Bioeier
50 ml süße Sahne
1 Prise Cayennepfeffer
1 TL Sardellenpaste oder Gewürzkonzentrat aus Sardellen
30 g Butter
2 Scheiben Sauerteigbrot, getoastet
6 dünne Anchovisfilets
Salz und frisch gemahlener schwarzer Pfeffer

Die Eier über eine Schüssel aufschlagen und mit einem Schneebesen die Sahne, die Sardellenwürze und etwas Salz und Pfeffer unterrühren. Die Butter in einer beschichteten Pfanne zerlassen und die Eiermischung hineingeben. Die Eier langsam garen und mit einem Spatel rühren, bis sie anfangen zu stocken.

Den Toast auf zwei Teller geben, das Rührei darauf verteilen und mit den Anchovisfilets garnieren. Ein pikanter, salziger Genuss.

Angels on Horseback

Diese vornehmlich in elitären Gentlemen's Clubs servierten »Engel zu Pferde« – in Speck gewickelte, geröstete oder gegrillte Austern, die auf Cocktailspießchen reiten – gehören laut Ambrose Heath (einem Kochbuchautor des beginnenden 20. Jahrhunderts) zu »den wohl edelsten aller englischen Savouries«.

Ergibt 12 Stück

6 Streifen Räucherspeck
12 ausgelöste Felsenaustern

Zwei 12 cm lange Bambusspieße 30 Minuten in Wasser einweichen.

Die Speckstreifen halbieren, um darin die Austern einzuwickeln. Die fertigen Röllchen auf den Holzspießen auffädeln.

Die Austern im Speckmantel entweder 8–10 Minuten im auf 220 °C (Gas Stufe 7) vorgeheizten Backofen rösten, bis der Speck knusprig und die Austern fest sind, oder nach der traditionellen Methode unter dem heißen Grill zubereiten. Die Holzspieße entfernen und die Austern sofort servieren. Nach Geschmack warmes, gebuttertes Toastbrot dazu reichen.

Vol-au-Vents, gefüllt mit Pilzen, Spinat und einer Madeira-Sahnesauce

Frei nach Shirley Conran ist »das Leben zu kurz, um Vol-au-Vents zu füllen«, denn diese fälschlicherweise als besonders vornehm angesehenen kleinen Pasteten kommen meist als undefinierbare beigefarbene Masse in einer geschmacksneutralen, durchweichten Blätterteighülle daher.

Ganz anders bei Fortnum & Mason. Hier erliegt man sofort dem Retro-Charme der hübsch aufgeputzten, luftig-leichten, buttrigen Blätterteigkörbchen und ihrer cremigen Champignonfüllung mit frischem Spinat und Ziegenkäse, die einfach himmlisch schmecken und damit dem Namen »Vol-au-Vents« (dt. Flieg in die Luft) alle Ehre machen.

Ergibt 6 Pasteten

500 g hochwertiger Blätterteig
Mehl zum Bestauben
1 Eigelb, leicht verquirlt
Salz und frisch gemahlener schwarzer Pfeffer

Für die Spinatfüllung
500 g frischer Spinat
125 g weicher Ziegenfrischkäse

Für die Pilzfüllung
500 g braune Champignons
2 EL Olivenöl
1 Schalotte, fein gehackt
2 Knoblauchzehen, fein gehackt
60 ml Weißwein
1 EL klein gehackter Estragon

Für die Madeira-Sahnesauce
1 EL Olivenöl
1 Schalotte, fein gehackt
1 Knoblauchzehe, fein gehackt
250 g braune Champignons
100 ml Madeira-Süßwein
250 ml süße Sahne
1 EL klein gehackter Estragon

Den Blätterteig auf einer leicht mit Mehl bestaubten Arbeitsfläche 4 mm dick ausrollen und mit einem 10 cm großen, runden Ausstecher zwölf Kreise ausstechen. Sechs Kreise innen mit einem 6,5 cm großen, runden Ausstecher ausstechen, damit Ringe entstehen. Die sechs Kreise mit Eigelb bepinseln und auf ein mit Backpapier belegtes Backblech setzen. Jeweils einen Ring auf jeden Kreis legen und diese ebenfalls mit Eigelb bepinseln. Den vorbereiteten Blätterteig während der Zubereitung der Füllung kalt stellen.

Den Spinat putzen, lange Stiele entfernen, gründlich waschen und abtropfen lassen. Den noch etwas feuchten Spinat in einem Topf zugedeckt 2–3 Minuten bei mittlerer Temperatur erhitzen, bis er zusammenfällt. Den Spinat vorsichtig ausdrücken, zurück in den Topf geben, mit Salz und Pfeffer würzen und den Ziegenkäse unterrühren.

Für die Pilzfüllung die Champignons putzen und je nach Größe halbieren oder vierteln. In einer großen Bratpfanne das Öl erhitzen und Schalotte und Knoblauch 3 Minuten weich garen. Die Pilze mit etwas Salz und Pfeffer dazugeben und weich garen. Mit dem Weißwein ablöschen und so lange weitergaren, bis der Wein beinah vollständig verdampft ist. Anschließend die Pfanne vom Herd nehmen und beiseitestellen.

Die vorbereiteten Blätterteigpasteten aus dem Kühlschrank nehmen und im auf 180 °C (Gas Stufe 4) vorgeheizten Backofen 15–20 Minuten goldbraun backen. Sollte die Mitte zu stark aufgegangen sein, einfach mit einer Gabel vorsichtig hineinstechen, damit sie zusammenfällt.

Parallel die Sauce zubereiten und dafür das Olivenöl in einem großen Topf erhitzen und Schalotte und Knoblauch darin 3 Minuten weich garen. Die Pilze klein schneiden, mit etwas Salz und Pfeffer in den Topf geben und 3–4 Minuten garen, bis sie weich werden. Den Madeira dazugießen und auf die Hälfte einkochen lassen. Die Sahne dazugeben, aufkochen und die Sauce anschließend 5 Minuten köcheln lassen. Mit einem Zauberstab die Sauce glatt pürieren und zum Schluss den Estragon untermischen.

Die Spinat- und die Pilzfüllung kurz erwärmen und dabei den Estragon unter die Pilze mischen. Die Blätterteigpasteten zur Hälfte mit dem Spinat füllen und darauf die Pilzfüllung geben. Sofort servieren und die Sauce dazu reichen.

Erbsen-Pannacotta mit Käsestangen und Wachteleiern

»Eine salzige Pannacotta?«, höre ich Sie rufen. Was würden die Italiener wohl dazu sagen? Die Konsistenz ist tatsächlich die gleiche, sie sind hübsch grün und sehen anspruchsvoller aus, als ihre Zubereitung tatsächlich ist. Diese Pannacotta eignet sich jedenfalls auch als Canapé oder in vier Martinigläser gefüllt als kleine Vorspeise. Auch die Käsestangen sind ganz einfach in der Zubereitung und das Rezept ist so ausgelegt, dass für den Koch noch etwas übrig bleibt. Wer es eher alpenländisch mag, ersetzt die Hälfte des Parmesans durch Gruyère oder Comté.

Für 8 Personen

1 Blatt Gelatine
170 g frische Erbsen
260 g TK-Erbsen
Blätter von 2 Zweigen Minze
110 ml süße Sahne
1 großes Eigelb
4 Wachteleier
Salz und frisch gemahlener schwarzer Pfeffer

Für die Käsestangen
100 g hochwertiger Blätterteig
Mehl zum Bestauben
1 Eigelb, leicht verquirlt zum Bestreichen
25 g frisch geriebener Parmesankäse

Die Gelatine 5 Minuten in kaltem Wasser einweichen. Die frischen und tiefgefrorenen Erbsen mit der Minze, der Sahne und etwas Salz und Pfeffer in einen Topf geben und aufkochen. Die Erbsen etwa 1 Minute weich garen, danach die Mischung in einem Standmixer glatt pürieren. 4 TL Erbsenpüree beiseitestellen. Das Eigelb unter das restliche Püree rühren, danach die Mischung durch ein Sieb in einen sauberen Topf streichen und erneut sanft erwärmen. Die Gelatine auspressen und unter das Erbsenpüree mischen, bis sie sich aufgelöst hat.

Das Erbsenpüree in acht Schnapsgläser gießen und kalt stellen, bis es fest wird.

Für die kleinen Käsestangen den Blätterteig auf einer leicht mit Mehl bestaubten Arbeitsfläche zu einem Rechteck ausrollen und in zwei Vierecke schneiden. Ein Viereck mit dem Eigelb bepinseln, mit dem Parmesan bestreuen, mit dem zweiten Blätterteigviereck abdecken und fest zusammenpressen. Das Teigsandwich 20 Minuten kalt stellen und danach in zwölf Streifen schneiden. Die Streifen spiralförmig drehen und auf einem mit Backpapier belegten Backblech verteilen. Die Käsestangen im auf 180 °C (Gas Stufe 4) vorgeheizten Backofen 10–12 Minuten goldbraun backen.

Die Wachteleier im siedenden Wasser 1,5 Minuten weich kochen, danach unter kaltem Wasser abschrecken und pellen. Die Pannacottas mit je ½ TL Erbsenpüree garnieren und jeweils ein Wachtelei dagegenlehnen. Mit Käsestangen dekoriert servieren.

Dinner – Hauptmahlzeiten

»Leichten Herzens dinieren und sich dabei auf Fortnum & Mason verlassen«

FORT
M

Jakobsmuscheln in ihrer Schale mit Herzoginkartoffeln und Champagnersauce

Pralle Schalentiere, süß wie frisches Quellwasser, von sanften Champagnerwellen umspült, und mit buttrigem Kartoffelpüree. Wer würde da nicht dahinschmelzen! Fallen Sie nur nicht auf billige, gummiartige Muscheln herein oder gar auf unechten Cheddar. Dieser kulinarische Klassiker wird natürlich am besten in Kammmuschelschalen serviert. Retro? Vielleicht. Doch die Verlockung ist zeitlos.

Für 4 Personen

80 g Butter
1 kleine Möhre, geschält und in dünne Stifte geschnitten
1 kleiner Lauch, in dünne Stifte geschnitten
1 kleine Zucchini, in dünne Stifte geschnitten
1 längliche Schalotte, fein gewürfelt
1 Lorbeerblatt
100 ml Champagner
200 ml süße Sahne
8 handgetauchte Jakobsmuscheln in ihren Schalen, Rogen entfernt
1 EL klein gehackter Schnittlauch
Meersalz und frisch gemahlener weißer Pfeffer

Für die Herzoginkartoffeln
1 große Ofenkartoffel
20 g Butter, zerlassen
1 Eigelb

Für die Herzoginkartoffeln die Kartoffel in Alufolie wickeln und im auf 200 °C (Gas Stufe 6) vorgeheizten Backofen weich garen. Anschließend das Innere mit einem Esslöffel aus der Schale lösen und durch eine Kartoffelpresse oder durch ein Sieb in eine Schüssel geben. Den Kartoffelschnee mit der zerlassenen Butter und etwas Salz und Pfeffer vermengen. Sobald die Kartoffel nur noch warm ist, das Eigelb unterrühren und die Mischung in einen Spritzbeutel mit Sterntülle füllen und beiseitestellen.

30 g Butter in einem kleinen Topf bei niedriger Temperatur erhitzen und darin die Möhren-, Lauch- und Zucchinistreifen weich garen. Das Gemüse mit Salz und Pfeffer abschmecken und beiseitestellen.

30 g Butter in einem kleinen Stieltopf erhitzen und die Schalotte darin glasig und weich garen. Das Lorbeerblatt und den Champagner dazugeben und köcheln lassen, bis der Champagner um die Hälfte reduziert ist. Die Sahne dazugeben und ebenfalls auf die Hälfte einkochen lassen. Die fertige Sauce mit Salz und Pfeffer abschmecken und warm halten.

Die Muscheln aus der Schale lösen und vier Schalen gründlich waschen und trocknen. Die Herzoginkartoffeln entlang des inneren Muschelrandes spritzen, damit ein Nest für die Muscheln entsteht. Die Muscheln auf ein Backblech legen, um das Kartoffelnest unter dem Backofengrill ein wenig zu bräunen.

Die Jakobsmuscheln trockentupfen und mit Salz und Pfeffer würzen. Die restliche Butter in einer Schmorpfanne erhitzen und die Jakobsmuscheln darin etwa 1 Minute von jeder Seite scharf anbraten.

Zum Anrichten die Jakobsmuschelschalen auf vier Teller verteilen und eventuell etwas Kartoffelpüree daruntergeben, um der Schale besseren Halt zu geben. Jeweils einen Löffel Gemüsestreifen in die Nester geben und je zwei Jakobsmuscheln daraufsetzen. Mit der Champagnersauce übergießen und mit Schnittlauch bestreut sofort servieren.

Kalbsragout en blanquette mit Frühlingsgemüse

»En blanquette« bedeutet, dass weder das Kalbfleisch noch die Butter bei der Zubereitung gebräunt werden und das ganze Gericht daher eine helle Farbe hat. Ein leichtes Frühlingsgericht, das bei Fortnum & Mason frisch zubereitet in Dosen verkauft wurde. Reichen Sie dazu junges Gemüse und gedämpften Reis.

Für 4–6 Personen

1 kg ausgelöstes Kalbsbein, das Fleisch in 4 cm große Würfel geschnitten
1 Lorbeerblatt, 2 Thymianzweige und ein paar Petersilienstängel mit Küchengarn als Bouquet garni zusammengebunden
1 Zwiebel, grob gehackt
1 Möhre, grob gehackt
1 Staudensellerie, grob gehackt
2 l leichte Hühnerbrühe
50 g Butter
4 EL Weizenmehl
100 ml süße Sahne
Zitronensaft (optional)
4 EL klein gehackte glatte Petersilie
Salz und frisch gemahlener weißer Pfeffer

Für das Frühlingsgemüse
300 g Perlzwiebeln
40 g Butter
1 Bund Baby-Möhren
1 Bund Baby-Lauch
1 Bund Baby-Fenchel oder Baby-Zucchinis

Die Kalbfleischwürfel in einen großen Topf geben, mit kaltem Wasser bedecken und eine Prise Salz hinzugeben. Das Wasser aufkochen und 5 Minuten sanft köcheln lassen, um das Kalbfleisch von Blutresten und eventuellen Verunreinigungen zu befreien. Anschließend das Kalbfleisch mit kaltem Wasser abspülen und mit dem Bouquet garni, den Zwiebeln, der Möhre und dem Sellerie in einen sauberen Topf geben und alles mit der Hühnerbrühe übergießen. Das Kalbfleisch 1,5–2 Stunden in der köchelnden Brühe weich garen.

Parallel die Perlzwiebeln abziehen und 5 Minuten in Salzwasser kochen, bis sie fast weich sind. Die Perlzwiebeln danach abtropfen lassen, kalt abschrecken und erneut abtropfen lassen. In einer kleinen Bratpfanne 20 g Butter zerlassen und die Perlzwiebeln darin schwenken, bis sie von der Butter überzogen sind, aber noch nicht gebräunt sind.

Das Baby-Gemüse getrennt in kochendem Salzwasser blanchieren, bis es gerade weich wird, und dann jeweils mit einem Schaumlöffel herausheben und unter kaltem Wasser abschrecken. Anschließend das Gemüse abtropfen lassen, trockentupfen und beiseitestellen.

Sobald das Kalbfleisch zart und weich ist, die Brühe in einen anderen Topf abseihen, das Fleisch beiseitestellen, das Gemüse und das Bouquet garni entfernen und die Brühe solange auf etwa 750 ml einkochen.

Die Butter in dem Topf zerlassen, in dem das Fleisch gekocht, wurde und für eine helle Mehlschwitze das Mehl etwa 1 Minute unterrühren. Nach und nach die Brühe hinzugießen und dabei weiterrühren, bis eine glatte Sauce entsteht. Die Sauce 5 Minuten köcheln lassen, bis sie die Konsistenz von Sahne hat.

Die süße Sahne unterrühren und mit Salz und Pfeffer abschmecken. Das Fleisch und die Perlzwiebeln dazugeben und alles 5–10 Minuten erhitzen. Gleichzeitig die restlichen 20 g Butter in einer Bratpfanne zerlassen und das Baby-Gemüse darin erwärmen. Am Ende das Gemüse mit Salz und Pfeffer würzen.

Vor dem Servieren das Kalbsragout noch einmal abschmecken und nach Gusto ein paar Tropfen Zitronensaft untermischen. Das Kalbfleisch in tiefe Teller geben und außen herum etwas Sauce gießen. Mit dem Baby-Gemüse garniert und mit etwas Petersilie bestreut servieren und dazu Pilawreis reichen.

Rochen in Pfeffersauce

Nein, das ist kein Tippfehler, denn das Fleisch des Knorpelfisches ist sehr zart und aromatisch und wird hier durch eine kräftige, cremige Pfeffersauce bestens ergänzt. Reichlich Pfeffer im Mörser, grob zerstoßen, und dazu geschmorte Salatherzen mit Orangen und Sternanis (Rezept Seite 223) reichen.

Für 2 Personen

2 Rochenflügel à 200 g
2 EL Olivenöl
20 g Butter
2 EL klein gehackte glatte Petersilie
Salz und grob zerstoßener schwarzer Pfeffer

Für die Sauce
30 g Butter
1 längliche Schalotte, fein gewürfelt
1 TL grob zerstoßener schwarzer Pfeffer
40 ml Cognac
100 ml Weißwein
150 ml Hühnerbrühe
50 ml süße Sahne

Für die Sauce die Butter in einem kleinen Topf zerlassen, die Schalotte und den Pfeffer hineingeben und beides garen, bis die Schalottenwürfel weich sind. Den Cognac dazugießen, ein paar Sekunden erhitzen und dann entzünden. Abstand halten, bis die Flammen verlöscht sind, und dann mit dem Weißwein ablöschen und köcheln lassen, bis er etwa um drei Viertel eingekocht ist. Die Hühnerbrühe dazugießen, um die Hälfte einkochen und zum Schluss die Sahne dazugießen und einkochen, bis sie den Löffel überzieht. Die Sauce abschmecken und eventuell nachwürzen.

Die Rochenflügel mit Salz und Pfeffer würzen. In einer Schmorpfanne, die groß genug für beide Rochenflügel ist, das Olivenöl und die Butter erhitzen und den Fisch darin 4–5 Minuten von beiden Seiten braten, bis sich das Fischfleisch leicht vom Knochen löst, wenn man mit dem Messer hineinsticht.

Zum Servieren das Rochenfleisch mit der Pfeffersauce übergießen und mit Petersilie bestreuen.

Fischcurry aus Goa

Ein Neuzugang auf der Speisekarte des Fortnum-&-Mason-Restaurants in der Jermyn Street 45. Hier wird hässlicher Fischschwanz in ein elegant gewürztes Curry verwandelt. Neben Tee, Kaffee und Honig gehörten Gewürze einst zu den Grundpfeilern des Fortnum-&-Mason-Imperiums. Mit den hier verwendeten typischen südindischen Gewürzen bringt uns dieses Curry die Küche Goas etwas näher.

Für 6 Personen

6 Portionen Seeteufelschwanz auf dem Knochen
etwas Pflanzenöl
300 g Schalotten, fein gewürfelt
½ TL gemahlenes Kurkuma
je 1 ½ TL Garam Masala, gemahlener Kreuzkümmel und gemahlener Koriander
250 g Tomaten, abgezogen und gewürfelt (mit Kernen)
Salz und frisch gemahlener schwarzer Pfeffer
klein gehackter Koriander zum Garnieren

Für die Marinade
1 ½ TL Chilipulver
½ TL gemahlenes Kurkuma
Saft von 1 Zitrone
50 ml Pflanzenöl

Für die Currypaste
50 g Tamarindenpaste
200 g Schalotten, klein gehackt
200 g Tomaten, abgezogen und gewürfelt (mit Kernen)
20 g frischer Ingwer, klein gehackt
2 Knoblauchzehen, klein gehackt
2 grüne Chilischoten, entkernt und klein gehackt
je 1 ½ TL Garam Masala, gemahlener Bockshornklee, gemahlenes Kurkuma, gemahlener Kreuzkümmel und gemahlener Koriander
2 × 400-ml-Dosen Kokosmilch

Für die Tarka (Gewürzmischung)
75 ml Pflanzenöl
1 TL schwarze Senfkörner
1 TL Bockshornkleesamen
8 Curryblätter
1 EL fein gehackter Knoblauch
100 g rote Zwiebeln, fein gehackt

Die Seeteufelschwänze häuten (falls das der Fischhändler noch nicht erledigt hat) und halbieren. Sämtliche Zutaten für die Marinade vermischen und mit Salz und Pfeffer würzen. Die Marinade über den Fisch gießen und diesen 2 Stunden marinieren lassen.

Sämtliche Zutaten für die Paste im Standmixer glatt pürieren.

Das Pflanzenöl in einer großen Bratpfanne erhitzen und den Seeteufel darin von allen Seiten kurz anbraten. Danach den Fisch aus der Pfanne heben und beiseitestellen. Die gewürfelten Schalotten in die Pfanne geben und so lange braten, bis sie leicht gebräunt sind. Die Gewürze einrühren und 2 Minuten erhitzen. Die Tomaten dazugeben, aufkochen und rühren, um den Bratensatz vom Pfannenboden zu lösen. Die Paste unterrühren, mit Salz abschmecken, erneut aufkochen und 3–4 Minuten köcheln lassen.

In der Zwischenzeit das Öl für die Tarka in einer weiteren Pfanne erhitzen, bis es beinah dampft. Schnell die Bockshornkleesamen und Senfkörner dazugeben und kurz zurücktreten, bis sie aufgeplatzt sind. Nach ein paar Sekunden die Curryblätter, den Knoblauch und die Zwiebeln dazugeben. Alles 30 Sekunden garen und dann einschließlich des Öls unter die Zutaten in der ersten Pfanne mischen. Den Fisch ebenfalls zurück in die Pfanne geben, etwa 4 Minuten darin erhitzen, bis er gar ist, und mit Reis und klein gehacktem Koriander bestreut servieren.

Lachsforelle im Teigmantel mit Schnittlauchbuttersauce und Stängelkohl

Für dieses Rezept bedarf es einzelner Filets dieses wunderbaren, im Frühling und Frühsommer erhältlichen Fisches, ersatzweise kann man jedoch auch Lachsfilets wählen. Und dann bekommt hier der Fisch einen dreilagigen Mantel aus Spinat, Pfannkuchen und zum Schluss aus Blätterteig, der für Überraschung in puncto Geschmack und Konsistenz sorgt und gut im Voraus zubereitet werden kann, sodass der Fisch am Ende nur noch darin gebacken werden muss.

Für 4 Personen

25 g große Spinatblätter
4 rechteckige Lachsforellenfilets ohne Haut à 70 g
1 Eigelb, leicht verquirlt
225 g hochwertiger Blätterteig
350 g Stängelkohl (italienischer Brokkoli)
30 g Butter
Salz und frisch gemahlener schwarzer Pfeffer

Für die Pfannkuchen
100 g Weizenmehl
je 1 kleine Prise Salz und Zucker
2 Eier
200 ml Milch
2 EL klein gehackter Schnittlauch
etwas Butter zum Ausbacken

Für die Schnittlauchbuttersauce
2 längliche Schalotten, fein gewürfelt
1 Knoblauchzehe, zerdrückt
4 Zweige Thymian
50 ml Weißwein
50 ml Weißweinessig
50 ml süße Sahne
200 g kalte Butter, gewürfelt
Saft von ½ Zitrone
2 EL klein gehackter Schnittlauch

Für die Pfannkuchen das Mehl in eine Schüssel sieben, Salz und Zucker dazugeben und in die Mitte eine Mulde drücken. Die Eier darüber aufschlagen und mit einem Holzlöffel langsam das Mehl vom Rand unterrühren. Nach und nach die Milch dazugießen und mit dem Schneebesen so lange rühren, bis ein flüssiger, glatter Teig entsteht, der kleine Blasen an der Oberfläche wirft. Zum Schluss den Schnittlauch unterrühren.

Eine flache Pfanne auf mittlere Temperatur vorwärmen und mit etwas Butter einfetten. Jeweils eine Kelle Teig in die Pfanne geben und diese derart hin und her schwenken, dass sich der Teig darin gleichmäßig zu einer dünnen Schicht verteilt. Den Pfannkuchen 1–2 Minuten backen, bis er an den Rändern goldbraun wird, danach den Pfannkuchen wenden und von der anderen Seite backen. Den fertigen Pfannkuchen auf ein Stück Backpapier legen und den restlichen Teig ebenso ausbacken. Die fertigen Pfannkuchen können aufeinandergestapelt werden. Der Teig ergibt mehr als vier Pfannkuchen, doch der Teig hält sich auch 1 Tag im Kühlschrank, wenn man ihn nicht gleich ausbacken möchte.

Den Spinat putzen, lange Stiele entfernen und die Spinatblätter etwa 10 Sekunden in kochendem Salzwasser blanchieren. Anschließend abtropfen lassen und sofort unter kaltem Wasser abschrecken und erneut abtropfen lassen. Aus dem abgekühlten Spinat behutsam das restliche Wasser herausdrücken und die Blätter zum Trocknen auf einem Geschirrtuch ausbreiten.

Die Arbeitsfläche mit einem Stück Küchenfolie abdecken, einen Pfannkuchen darauf ausbreiten und ein Spinatblatt darauflegen. Ein Fischfilet auf den Spinat legen und mit Salz und Pfeffer bestreuen. Den Fisch vollständig in den Spinat einwickeln. Eine Seite des Pfannkuchens mit etwas Eigelb bepinseln und den Fisch darin einschlagen. Die Enden dabei so einschlagen und mit dem Eigelb verkleben, dass das Endergebnis aussieht wie eine große Frühlingsrolle. Das Päckchen eng mit Küchenfolie umwickeln und dabei darauf achten, dass es seine rechteckige Form behält. Mit den restlichen Zutaten ebenso verfahren. Den Blätterteig in vier Teile schneiden und jeweils auf der mit Mehl bestaubten Arbeitsfläche so dünn ausrollen, dass sich das Fischpäckchen darin einwickeln lässt. Mit einem Gitteroller über den Teig fahren, um ihn einzuschneiden, und mit dem restlichen Eigelb bepinseln.

Die Küchenfolie von den Fischpäckchen entfernen und die Päckchen in das Blätterteignetz einrollen und dabei die Enden fest zusammendrücken. Die Oberseite mit Eigelb bepinseln und die Fischpäckchen während der Zubereitung der Schnittlauchbuttersauce im Kühlschrank aufbewahren.

Schalotten, Knoblauch, Thymian, Weißwein und Weißweinessig in einem Topf 5–10 Minuten köcheln lassen, bis die Flüssigkeit eingekocht ist. Die Sahne dazugeben und erhitzen, bis sie um die Hälfte eingekocht ist. Die Temperatur so niedrig wie möglich schalten und die Butter geschwind mit dem Schneebesen aufmontieren. Den Topf dabei immer wieder kurz vom Herd nehmen, damit die Sauce nicht zu heiß wird. Den Zitronensaft und den Schnittlauch untermischen und die Sauce warm halten.

Die Fischpäckchen 10–15 Minuten im auf 190 °C (Gas Stufe 5) vorgeheizten Backofen goldbraun backen und parallel den Stängelkohl 3–4 Minuten in kochendem Salzwasser weich garen. Den Stängelkohl gründlich abtropfen lassen, zurück in den Topf geben, in der Butter schwenken und nach Geschmack mit Salz und Pfeffer würzen.

Zum Servieren die Enden der Fischpäckchen wegschneiden und jedes Päckchen halbieren. Den Stängelkohl auf vier Teller aufteilen und die Fischpäckchen mit der Schnittseite nach oben darauf anrichten. Etwas Sauce außen herum gießen und die restliche Sauce in einem kleinen Kännchen dazureichen.

Geschmorte Ochsenbäckchen mit Meerrettichpüree

Ochsenbäckchen sind eigentlich nichts anderes als der Muskel zum Wiederkäuen, doch langsam geschmort wird daraus butterweiches Fleisch, vor allem wenn es vorher in Rotwein und Gemüse mariniert wird. Wer mag, verwendet Meerrettich aus dem Glas, aber frischer Meerrettich schmeckt natürlich pikanter. Dafür einfach eine Wurzel großzügig über das Kartoffelpüree reiben. Die Ochsenbäckchen am besten beim Metzger vorbestellen – sie sollten gut getrimmt sein.

Für 4 Personen

1 kg Ochsenbäckchen, getrimmt und in Stücke gehackt
400 g Möhren, klein gehackt
2 Lauch, in Scheiben geschnitten
4 Staudensellerie, in Scheiben geschnitten
600 ml Rotwein
4 EL Pflanzenöl
1 l Rinderbrühe
1 kleines Bund Thymian
2 Lorbeerblätter
1–2 TL Johannisbeergelee
40 g Butter, gewürfelt
2 TL klein gehackte glatte Petersilie
Salz und frisch gemahlener schwarzer Pfeffer

Für das Meerrettichpüree
4 große, mehligkochende Kartoffeln (z. B. Maris Piper), in Stücke geschnitten
50 g Butter
50 ml süße Sahne
50 ml Milch
1 gehäufter EL Sahnemeerrettich

Die Ochsenbäckchen mit dem Gemüse über Nacht im Rotwein marinieren lassen.

Am nächsten Tag das Fleisch und das Gemüse in ein Sieb geben, um den Rotwein aufzufangen. Die Hälfte des Pflanzenöls in einer großen Schmorpfanne erhitzen und die Ochsenbäckchen darin portionsweise scharf anbraten und dann in einen Schmortopf geben. Anschließend den Wein und die Brühe in der Pfanne aufkochen, mit einem Holzlöffel den Bratensatz vom Pfannenboden lösen und alles zum Fleisch in den Topf geben.

Das restliche Öl in der Pfanne erhitzen, das Gemüse von der Marinade darin kurz anbraten und mit dem Thymian und den Lorbeerblättern ebenfalls in den Topf geben. Alles aufkochen, würzen und den Topf danach zugedeckt in den auf 140 °C (Gas Stufe 1) vorgeheizten Backofen stellen und das Fleisch 3 Stunden schmoren lassen, bis es gar ist. Das Fleisch sollte sich sehr weich und beinah zerkocht anfühlen, denn es wird beim Abkühlen wieder etwas fester.

Die Sauce durch ein Sieb in einen sauberen Topf geben und auf die Hälfte einkochen. Nach Geschmack etwas Johannisbeergelee unterrühren und dann die Butter nach und nach dazugeben und mit einem Schneebesen aufmontieren, bis eine sämige, glänzende Sauce entsteht. Die fertige Sauce warm halten.

Für das Meerrettichpüree die Kartoffeln in kochendem Salzwasser garen und anschließend abtropfen lassen. Butter, Sahne und Milch im Topf sanft erwärmen, die Kartoffeln wieder dazugeben und gründlich zerstampfen. Den Meerrettich unterrühren und mit Salz und Pfeffer abschmecken.

Das Püree auf vier Teller aufteilen, die Ochsenbäckchen daneben anrichten, die Sauce darüber- und außen herum gießen und mit der klein gehackten Petersilie bestreut servieren.

Frittierte Zucchiniblüten mit Ziegenkäse und Honig

Zucchini blühen von Mitte Frühjahr bis in die Mitte des Sommers hinein. Fortnum & Mason züchtet sie auf seinem Dach und beträufelt sie in der Küche mit Honig von den Bienenstöcken, die ebenfalls bei ihm auf dem Dach stehen. Fortnum & Mason verwendet für dieses Rezept einen milden Ziegenfrischkäse von der Graceburn-Farm, aber ein anderer milder Ziegenkäse passt hier natürlich genauso gut.

Wer je selbst Zucchini angebaut hat, weiß, dass die Pflanzen ein enormes Wachstumspotenzial haben. Einfach vorsichtig die Blüten von den jungen Zucchini lösen und sofort verwenden.

Für 4 Personen

8 kleine Zucchini mit Blüten
200 g Graceburn-Ziegenfrischkäse
Pflanzenöl zum Frittieren
50 g Weizenmehl
Meersalz
hochwertiger flüssiger Honig zum Servieren

Für den Teig
200 g Tempura-Mehl
etwa 250 ml Mineralwasser

Die Zucchiniblüten vorsichtig öffnen, ohne die Blütenblätter abzuzupfen. Den kleinen Stempel im Inneren durch Drehen behutsam herauslösen. Den Ziegenfrischkäse im Standmixer aufschlagen und mithilfe eines Spritzbeutels oder eines Löffels in die Blüten füllen. Die Blütenblätter um den Käse verschließen und ihre Spitzen leicht zusammendrehen, damit der Käse im Innern verbleibt.

Für den Teig das Tempura-Mehl in eine Schüssel geben und nach und nach das Mineralwasser unterrühren, bis ein flüssiger, glatter Teig entsteht.

Das Pflanzenöl in einer Fritteuse oder einem hohen Topf auf 180 °C erhitzen (den Topf nicht mehr als bis zu einem Drittel füllen, da es sonst leicht überkocht). Das Mehl in einen tiefen Teller füllen und die gefüllten Zucchiniblüten darin wälzen. Überschüssiges Mehl behutsam abschütteln. Anschließend die Zucchini in den Teig tauchen, bis sie komplett davon überzogen sind. Jeweils 2–3 Zucchini gleichzeitig etwa 3 Minuten frittieren, bis sie goldbraun und knusprig sind.

Die Zucchini auf Küchenkrepp trocknen und mit Salz bestreuen. Die frittierten Zucchini auf vier Teller aufteilen und etwas Honig außen herum träufeln. Dazu passt ein Tomatensalat mit Schalotten.

Vegetarisches Kichererbsencurry

Ein wundervolles, würziges Kichererbsencurry aus Nordindien, das an Fortnum & Masons Erbe als traditioneller Gewürzhändler erinnert, denn es verkaufte schon exotische Gewürze, lange bevor diese wirklich in unserer Küche Einzug hielten. Gleichzeitig bedient dieses Rezept die steigende Nachfrage nach gesunden vegetarischen Gerichten.

Zimt, Kardamom, Kreuzkümmel, Chili und Koriandersamen sorgen bei diesem eigentlich einfachen Gericht für ein exotisches Flair. Am besten die Gewürze frisch mahlen und rösten, damit man all diese wunderbaren Aromen intensiv riecht und schmeckt.

Für 6 Personen

300 g getrocknete Kichererbsen, über Nacht in reichlich kaltem Wasser eingeweicht
2 Frühstückstee-Teebeutel
1 schwarze Kardamomkapsel
2 große Zwiebeln
3 EL Ghee
1 EL Kreuzkümmelsamen
6 Gewürznelken
1 grüne Kardamomkapsel
2 Zimtstangen
2 Lorbeerblätter
1 EL Ingwerpaste
1 EL Knoblauchpaste
2,5 cm frischer Ingwer, fein gehackt
1 TL gemahlener weißer Pfeffer
1 TL gemahlene Fenchelsamen
1 TL gemahlener Kreuzkümmel
1 TL gemahlener Koriander
1 TL gemahlenes Kurkuma
1 EL rotes Chilipulver
1 EL Anardana (Granatapfelsamenpulver), optional
1 TL Tomatenmark
1 Dose (400 g) klein gehackte Tomaten
500 ml Wasser
½ Bund Koriander
Saft von ½ Limette
1 TL Amchur (getrocknetes Mangopulver)
Salz

Die eingeweichten Kichererbsen abtropfen lassen und mit den beiden Teebeuteln, dem schwarzen Kardamom und reichlich frischem Wasser 50–60 Minuten weich kochen. Die Teebeutel entfernen und die Kichererbsen abtropfen lassen und beiseitestellen (der schwarze Koriander kann bei den Kichererbsen verbleiben).

Die Zwiebeln abziehen, in Stücke hacken und in der Küchenmaschine zu einer groben Paste verarbeiten. In einer großen Pfanne das Ghee zerlassen und die Kreuzkümmelsamen, die Gewürznelken, den grünen Kardamom, die Zimtstangen und die Lorbeerblätter 20 Sekunden braten. Die Ingwer- und die Knoblauchpaste und den frischen Ingwer unterrühren und ein paar Sekunden mitbraten, danach die Zwiebeln dazugeben und 8–10 Minuten garen, bis sie weich und glasig, aber nicht gebräunt sind.

Die gemahlenen Gewürze vermischen, unter die Zwiebelmischung rühren und diese bei mittlerer Temperatur 2–3 Minuten unter ständigem Rühren garen. Das Tomatenmark und danach die Dosentomaten 3–4 Minuten unterrühren und schließlich die Kichererbsen und das Wasser dazugeben und alles 30 Minuten sanft köcheln lassen, bis die Sauce eingedickt ist.

Die Korianderblätter und -stängel (sie enthalten sehr viel Aroma) klein hacken und mit dem Limettensaft und dem Amchur unter das Curry mischen. Abschmecken, eventuell etwas Salz zugeben und mit Basmatireis servieren.

Gebackene weiße Zwiebeln mit Zucchini

Die gefüllten und im Ofen gebackenen Zwiebeln, die am Ende fast auseinanderfallen, sind seit vielen Jahren fester Bestandteil der Speisekarte von Fortnum & Mason. Das Rezept hier ist leicht modernisiert. Bei Fortnums verwendet man dafür Zucchini, die auf dem eigenen Hausdach gezogen wurden, und Shiitake-Pilze aus Cornwall. Ein Gericht, das auch hart gesottene Fleischesser überzeugt.

Für 2 Personen

2 große weiße Gemüsezwiebeln
60 g Butter
je 1 gelbe und grüne Zucchini (zusammen etwa 360 g)
1 großes Bund Frühlingszwiebeln, klein gehackt
2 Knoblauchzehen, klein gehackt
60 g Shiitake-Pilze, in Scheiben geschnitten
15 g frische Semmelbrösel
20 g Parmesankäse, gerieben plus etwas mehr zum Servieren
Salz und frisch gemahlener schwarzer Pfeffer

Für die Sauce
25 g Butter
1 Schalotte, fein gewürfelt
50 ml Weißwein
50 ml süße Sahne
1 EL fein gehackte glatte Petersilie

Die Zwiebeln abziehen, oben einen Deckel abschneiden und auf der Unterseite die Wurzeln abschneiden, sodass die Zwiebeln gut stehen können. Einen kleinen, hohen Topf mit 20 g Butter einfetten, die Zwiebeln hineinstellen, mit 120 ml Wasser aufgießen, etwas Salz und Pfeffer hinzugeben und den Topf fest verschließen. Den Topf in den auf 160 °C (Gas Stufe 3) vorgeheizten Backofen stellen und die Zwiebeln etwa 50 Minuten backen, bis sie weich sind, aber noch nicht zerfallen. Die Zwiebeln anschließend abkühlen lassen und dann vorsichtig aushöhlen, ohne die äußeren Schichten zu zerstören. Die inneren Schichten klein hacken.

Die Zucchini putzen und längs halbieren. Jeweils eine Hälfte jeder Zucchini in Stäbchen schneiden und diese 1 Minute in kochendem Salzwasser blanchieren. Die Zucchinistäbchen anschließend abtropfen lassen und beiseitestellen. Die anderen beiden Zucchinihälften in kleine Würfel schneiden.

30 g Butter in einem Topf erhitzen und die Frühlingszwiebeln und den Knoblauch darin weich garen. Die in Scheiben geschnittenen Pilze und die Zucchiniwürfel hinzugeben und ebenfalls weich garen, ohne dass sie bräunen. Die klein gehackten Zwiebeln und dann die Semmelbrösel und den Parmesan unterrühren und die fertige Füllung abschmecken und würzen. Die Zwiebelschalen damit bis zum Rand füllen und eventuell überschüssige Füllung beiseitestellen. Die gefüllten Zwiebeln mit etwas Parmesan bestreuen und im auf 180 °C (Gas Stufe 4) vorgeheizten Backofen 8–10 Minuten backen, bis sie durch und durch heiß sind.

Für die Sauce die Butter in einem kleinen Topf erwärmen und die Schalotte darin weich garen. Den Weißwein dazugießen und so lange köcheln lassen, bis er beinah vollständig verdampft ist. Die Sahne ebenfalls dazugießen, aufkochen, die Petersilie unterrühren und die fertige Sauce würzen und abschmecken.

Die blanchierten Zucchini in den restlichen 10 g Butter erwärmen und nach Geschmack würzen.

Zum Servieren eventuell überschüssige Füllung in der Mitte zweier Teller verteilen und mit den Zucchinistäbchen garnieren. Daneben jeweils eine gebackene Zwiebel anrichten und einen dünnen Faden Sauce außen herum gießen.

Hühnchen mit Kürbis

Das Köstliche an diesem Gericht, das auf der Speisekarte des 45 Jermyn St. steht, ist seine Schlichtheit. Das würzige Relish kann im Voraus zubereitet und dann im Kühlschrank aufbewahrt werden. Vor dem Servieren müssen dann nur noch die Hähnchenbrüste und der Fenchel gegart werden, so hat man innerhalb von 20 Minuten eine wunderbare Mahlzeit auf dem Tisch stehen. Es gibt keine besseren Hühner als die der Goosnargh-Farm und der Weißweinessig sorgt für die spritzige Note.

Für 4 Personen

4 Fenchelknollen
4 Hähnchenbrüste mit Haut
80 ml Rapsöl
Salz und frisch gemahlener schwarzer Pfeffer

Für das Kürbis-Relish
4 EL Olivenöl
2 Schalotten, fein gewürfelt
1 rote Chilischote, entkernt und fein gewürfelt
400 g Butternuss-Kürbis, in 1 cm große Würfel geschnitten
2 TL Fenchelsamen, grob zerstoßen
4 EL Chardonnay-Weißweinessig (oder ein anderer hochwertiger Weißweinessig und 2 TL Zucker)
20 g Kürbiskerne, in einer trockenen Pfanne leicht geröstet
2 EL klein gehackte glatte Petersilie

Für das Relish das Öl in einer Pfanne erhitzen und die Schalotten mit dem Chili etwa 5 Minuten weich garen, ohne dass das Gemüse dabei bräunt. Die Kürbiswürfel und die Fenchelsamen untermischen und ein paar Minuten braten, danach die Pfanne abdecken und den Kürbis etwa 15 Minuten weitergaren, bis er weich ist, aber noch nicht zerfällt. Den Kürbis mit dem Essig ablöschen und den Essig dabei um etwa zwei Drittel einkochen. Den Kürbis abschmecken und abkühlen lassen. Zum Schluss die Kürbiskerne und die Petersilie und nach Geschmack noch ein klein wenig Olivenöl untermischen.

Den Fenchel putzen und je nach Größe so vierteln oder achteln, dass der Boden nicht durchtrennt wird und die Stücke nicht auseinanderfallen. Die Hähnchenbrüste mit Salz und Pfeffer würzen. Das Rapsöl in einer Schmorpfanne erhitzen und das Fleisch darin mit der Hautseite nach unten bei mittlerer Temperatur braten, bis die untere Seite hübsch gebräunt ist. Die Hähnchenbrüste wenden und auf ein kleines Backblech legen. Die Hähnchenbrüste im auf 180 °C (Gas Stufe 4) vorgeheizten Backofen etwa 15 Minuten garen, bis das Fleisch innen nicht mehr rosa ist, wenn man es einschneidet.

Parallel den Fenchel in der Pfanne, in der das Fleisch gebraten wurde, auf niedriger bis mittlerer Temperatur braten und dabei alle 5 Minuten wenden, bis er goldbraun und weich ist. Zum Schluss den Fenchel nach Geschmack würzen.

Die Hähnchenbrüste mit dem Fenchel und etwas Kürbis-Relish anrichten.

Hähnchen mit Jägersauce

Ein Rezept, mit dem dank der Modeerscheinungen der letzten Jahrzehnte viel Schindluder getrieben wurde, aber hier kommt es als einer der Klassiker von Fortnum & Mason daher. Wählen Sie am besten Hähnchen Suprême (Brust mit Haut und Flügelkeule). Sollten diese edlen Stücke nicht erhältlich sein, kann man für dieses Rezept natürlich auch Hähnchenbrüste verwenden.

Für 2 Personen

2 Maishähnchen Suprême (Hähnchenbrüste mit Haut und Flügelkeulen)
1 EL Olivenöl
Salz und frisch gemahlener Pfeffer

Für die Sauce
50 g Butter
1 Schalotte, fein gewürfelt
2 Knoblauchzehen, fein gewürfelt
2 Eiertomaten, geschält, Kerne entfernt und gewürfelt
1 Prise Zucker
100 ml Weißwein
500 ml Hühnerbrühe
120 g kleine Champignons, halbiert
1 EL klein gehackter Estragon

Für das Kartoffelpüree
300 g mehligkochende Kartoffeln (z. B. Maris Piper)
50 g Butter
25 ml süße Sahne

Die Kartoffeln einzeln in Alufolie einwickeln und etwa 1 Stunde im auf 200 °C (Gas Stufe 6) vorgeheizten Backofen weich backen (man sollte sie ganz leicht mit einem Messer durchstechen können). Anschließend in einem kleinen Stieltopf Butter und Sahne erwärmen, bis die Butter geschmolzen ist. Die Kartoffeln halbieren, auslöffeln und die Schalen entfernen. Die Kartoffeln mit einer Kartoffelpresse zerdrücken oder durch ein Sieb streichen und mit einem Holzlöffel die Butter unterrühren, bis ein glattes Püree entsteht. Zum Schluss mit Salz und Pfeffer abschmecken.

Das Hähnchenfleisch mit Salz und Pfeffer bestreuen und das Öl in einer Bratpfanne erhitzen, die auch für den Backofen geeignet ist. Die Hähnchenbrüste mit der Hautseite nach unten goldbraun braten, danach wenden und die Pfanne anschließend für etwa 10–12 Minuten in den auf 180 °C (Gas Stufe 4) vorgeheizten Backofen stellen. Zum Überprüfen, ob das Fleisch gar ist, mit einem Messer dem Knochen einstechen. Austretender Bratensaft sollte klar sein. Das Fleisch an einem warmen Ort 5 Minuten ruhen lassen.

In der Zwischenzeit die Sauce zubereiten und dafür 20 g Butter in einer Pfanne zerlassen und die Schalotten und den Knoblauch darin weich garen. Die Tomaten unterrühren und 5 Minuten köcheln lassen. Danach den Zucker einrühren (damit die Sauce nicht zu säuerlich wird) und den Wein dazugießen. Den Wein so lange kochen, bis er fast verdampft ist, und dann die Hühnerbrühe hinzufügen und um die Hälfte einkochen lassen. Die Sauce mit einem Zauberstab glatt pürieren.

Die Champignons zu der Sauce geben und 5 Minuten darin köcheln lassen. Zum Schluss den klein gehackten Estragon unterrühren, die Sauce mit der restlichen Butter aufmontieren und nach Geschmack mit Salz und Pfeffer würzen.

Beim Anrichten das Kartoffelpüree in die Mitte zweier tiefer Teller geben und das Hähnchen Suprême daraufbetten. Mit einem Löffel etwas Sauce über das Fleisch und außen herum geben.

Mit roten Johannisbeeren und Minze glasierte Lammkoteletts

Als ein Stammkunde neulich bei Fortnum & Mason erfahren musste, dass seine geliebten glasierten Lammkoteletts nicht mehr verfügbar waren, verlor er beinah die Fassung. »Deswegen komme ich doch extra zu Fortnum & Mason, sie sind der perfekte Imbiss.« Das sind sie in der Tat, wenn man sie ganz dünn mit HP-Sauce glasiert und dann kalt genießt.

Für 2 Personen

1 Lammrücken mit 6 Knochen
1 EL Pflanzenöl
80 g rotes Johannisbeergelee
25 g Butter
1 EL HP-Sauce (britische Würzsauce)
2 EL klein gehackte Minze plus etwas mehr zum Garnieren
Salz und frisch gemahlener schwarzer Pfeffer

Den Lammrücken parieren und die herausstehenden Knochenenden abschaben.

Das Öl in einer Bratpfanne erhitzen, die auch für den Backofen geeignet ist, und das Fleisch von beiden Seiten mit Salz und Pfeffer bestreuen. Sobald das Öl heiß ist, das Fleisch mit der Fettseite nach unten hineingeben und goldbraun anbraten. Danach das Fleisch wenden und die Pfanne für 12–15 Minuten in den auf 180 °C (Gas Stufe 4) vorgeheizten Backofen stellen, sodass der Lammrücken am Ende innen noch rosa ist. Das Fleisch anschließend an einem warmen Ort ruhen lassen.

Für die Glasur das Johannisbeergelee und die Butter in einem kleinen Stieltopf sanft erwärmen, bis beides flüssig wird. Die HP-Sauce unterrühren, bis eine glatte Sauce entsteht. Für mehr Geschmack einen Löffel Bratfett aus der Pfanne untermischen, danach die klein gehackte Minze einrühren und die Sauce abkühlen lassen.

Den Lammrücken in sechs kleine Koteletts schneiden und diese auf zwei Tellern aufteilen. Etwas Sauce und nach Geschmack auch noch ein klein wenig gehackte Minze darübergeben und die Teller vor dem Servieren kalt stellen.

Lammchops mit einer Tomaten-Minze-Salsa

Ein wunderbares Sommergericht, bei dem die fruchtige Tomatensalsa den Fleischgeschmack unterstreicht. Beim Braten die Koteletts unbedingt mit dem eigenen Fett übergießen, denn dadurch werden sie außen kross und leicht verbrannt. Das Häuten der Tomaten mag aufwendig erscheinen, aber es lohnt sich und erspart einem beim Essen, dass die kleinen Schalenröllchen zwischen den Zähnen hängen bleiben.

Für 2 Personen

6 Lammkoteletts
etwas Olivenöl
Salz und frisch gemahlener schwarzer Pfeffer

Für die Tomaten-Minze-Salsa
4 Eiertomaten
2 Schalotten
1 EL Weißweinessig, vorzugsweise Chardonnay-Essig
2 EL Olivenöl
8 Minzeblätter, sehr fein gehackt
10 Blätter glatte Petersilie, sehr fein gehackt

Für die Salsa die Tomaten mit einem scharfen Messer oben und unten einritzen und für etwa 20 Sekunden in eine Schüssel mit kochend heißem Wasser legen. Danach die Tomaten abtropfen lassen, kurz in kaltes Wasser legen, erneut abtropfen lassen und dann die Schale abziehen. Die Tomaten anschließend vierteln, aushöhlen, die Kerne entfernen und das Fruchtfleisch in 5 mm große Würfel schneiden.

Die Schalotten in sehr feine Würfel schneiden, in eine Schüssel geben, mit dem Essig übergießen, etwas Salz darübergeben und alles gut vermischen. Die Tomaten, das Öl und die Kräuter unterheben, abschmecken und nach Geschmack würzen.

Die Koteletts mit etwas Olivenöl einreiben und mit Salz und Pfeffer bestreuen. Eine große Grillpfanne vorheizen und darin die Koteletts braten, bis die Unterseite goldbraun ist. Die Koteletts wenden, nach Geschmack zu Ende braten und danach 5 Minuten ruhen lassen. Mit der Salsa servieren.

Doppelt gebackene Käsesoufflés mit Piccalilli

Keine Angst, dank des doppelten Backens gelingen diese Soufflés kinderleicht – wer einmal diese Technik beherrscht, wird sie nicht mehr missen wollen. Wichtig ist, wirklich hochwertigen Cheddar-Käse für die Zubereitung zu verwenden und nicht auf diese blassgelben, schwitzenden, eingeschweißten Käseblöcke reinzufallen.

Für 6 Personen

35 g Butter plus 35 g sehr weiche Butter zum Einfetten
35 g frisch geriebener Parmesankäse
35 g Weizenmehl
235 ml Vollmilch
170 g reifer, traditionell produzierter Cheddar-Käse, gerieben
Worcestershiresauce, Tabascosauce und englischer Senf nach Geschmack
3 mittelgroße Eigelb
4 mittelgroße Eiweiß
1 TL Maisstärke
Salz und frisch gemahlener weißer Pfeffer

Zum Servieren
180 ml süße Sahne
1 Portion Piccalilli (siehe Rezept Seite 266)

Sechs kleine Backförmchen (für 120 ml Inhalt) mit weicher Butter gleichmäßig auspinseln. Jeweils etwas Parmesan hineinstreuen und die kleinen Formen so drehen, dass sie gleichmäßig mit dem Käse ausgekleidet werden. Überschüssigen Parmesan jeweils ins nächste Förmchen geben.

In einem kleinen Topf die Butter zerlassen und das Mehl für eine helle Mehlschwitze unterrühren. Die Mehlschwitze etwa 1 Minute garen und dann nach und nach die Milch unterrühren. Alles aufkochen, bis eine sehr zähflüssige Béchamelsauce entsteht. Die Béchamel 10 Minuten köcheln lassen und dabei häufig umrühren, damit sie sich nicht am Topfboden absetzt. Danach den Käse untermischen, den Topf vom Herd nehmen und so lange rühren, bis der Käse geschmolzen und die Masse glatt ist. Nach Geschmack mit Worcestershiresauce, Tabasco und Senf kräftig würzen, denn der Eischnee mildert das Aroma später etwas ab. Die Mischung in eine große Schüssel umfüllen, etwas abkühlen lassen und nacheinander das Eigelb mit dem Schneebesen einrühren.

Das Eiweiß in einer separaten Schüssel steif schlagen und zum Ende die Maisstärke untermischen. Ein Viertel des Eischnees unter die Käsemischung rühren, um diese aufzulockern, und dann den restlichen Eischnee mit einem Löffel behutsam unterheben, damit die Masse so luftig wie möglich wird.

Die Soufflémasse in die vorbereiteten Förmchen füllen und diese dann in eine große Form oder auf ein tiefes Backblech stellen. So viel Wasser auffüllen, dass die Förmchen zur Hälfte im Wasser stehen. Die Soufflés im auf 180 °C (Gas Stufe 4) vorgeheizten Backofen 18 Minuten backen, bis sie hübsch aufgegangen, aber in der Mitte noch ein wenig weich sind.

Die Soufflés aus dem Backofen nehmen, 5 Minuten abkühlen lassen, mit einem Messer vom Rand der Formen lösen und in eine tiefe Auflaufform stürzen. Jeweils 2 EL Sahne darübergeben (so können sie bis zum zweiten Backen bis zu 1 Stunde beiseitegestellt werden).

Kurz vor dem Servieren die Form mit den Soufflés für etwa 10 Minuten in den auf 180 °C (Gas Stufe 4) heißen Backofen stellen, bis die Käsesoufflés durch und durch heiß und auf der Oberfläche leicht gebräunt sind. Mit einem Löffel Piccalilli sofort servieren.

Schweineschnitzel Cordon bleu

Das Cordon bleu (dt. blaues Band) mit dem Stern vom Heiligen Geist galt als Name und als Auszeichnung des höchsten Ritterordens Frankreichs. Die Ritter des Ordens vom Heiligen Geist waren angeblich berühmt für ihre üppigen und extravaganten Gelage, bis die Französische Revolution den ganzen aristokratischen Ausschweifungen ein Ende setzte. Der Name »Cordon bleu« hatte sich da jedoch schon längst als Auszeichnung für besondere kulinarische Errungenschaften durchgesetzt.

Einer anderen Legende zufolge verlieh die französische Regierung besonders guten Köchen ein blaues Band, das diese dann an ihren Schürzen trugen. Wiederum andere sind der Ansicht, der Name für dieses Schnitzel mit der saftigen Käsefüllung leite sich von dem »cordon« ab, also dem Saucenfaden, der beim Anrichten um das Schnitzel gegossen wird.

In Wirklichkeit wurde das Schnitzel Cordon bleu vermutlich irgendwann in den 1940er-Jahren in der Schweiz erfunden. Doch egal, welcher Geschichte Sie Glauben schenken möchten, das saftige Schweineschnitzel mit dem geschmolzenen Gruyère-Käse, der vorwitzigen Schinkenscheibe und der krossen Panade ist seit jeher ein Hit.

Für 2 Personen

2 Schweineschnitzel à 120 g
100 g Gruyère-Käse, in Scheiben geschnitten
2 Scheiben Schinken
30 g Weizenmehl
1 Ei, leicht verquirlt
50 g weiße Semmelbrösel
2 EL Pflanzenöl
Salz und frisch gemahlener schwarzer Pfeffer
Brunnenkresse zum Garnieren

Für die Sauce
40 g Butter
Zitronensaft
2 EL klein gehackte Petersilie
50 ml Geflügelfond

Die Schnitzel jeweils zwischen Lagen Küchenfolie legen und mit einem Steakklopfer oder der Unterseite einer kleinen Pfanne flach klopfen. (Im Zweifel kann das auch Ihr Metzger für Sie vorbereiten.) Die Schnitzel mit Salz und Pfeffer würzen, mit Käse und Schinken belegen und sie dann fest zusammenrollen. Die Schnitzelrollen für 20 Minuten im Kühlschrank ruhen lassen.

Das Mehl, das verquirlte Ei und die Semmelbrösel in drei getrennte Schalen füllen. Die Schnitzel jeweils erst im Mehl wälzen, dann im Ei und zum Schluss in den Semmelbröseln. Diese gut festdrücken, damit sie haften.

Das Pflanzenöl in einer für den Backofen geeigneten Bratpfanne erhitzen und die Schnitzelrollen darin von allen Seiten goldbraun anbraten. Anschließend die Pfanne mit den Schnitzeln für 8 Minuten in den auf 180 °C (Gas Stufe 4) vorgeheizten Backofen stellen.

In einer weiteren Pfanne die Butter erhitzen, bis sie schäumt und goldbraun wird. Einen großzügigen Spritzer Zitronensaft dazugeben, damit die Butter nicht zu dunkel wird, danach die Pfanne vom Herd nehmen und erst die Petersilie und dann den Geflügelfond unterrühren.

Jeweils ein Schnitzel auf einen Teller geben, mit der Sauce übergießen und mit der Brunnenkresse garnieren.

Kaffee

Bei Fortnum & Mason wird der Kaffee natürlich bei jeder Bestellung frisch gemahlen, da all die köstlichen ätherischen Öle, die Ihre Tasse mit Duft und Ihre Zunge mit Geschmack erfüllen, bei der Berührung mit Luft schnell verfliegen. Zwischen dem Mahlen der Bohnen und dem Aufbrühen des Kaffees sollte daher so wenig Zeit wie möglich liegen. Echte Aficionados kaufen daher nur ganze Bohnen und erledigen die ganze Arbeit zu Hause. Wie dem auch sei, wer wirklich all die subtilen und ureigensten Noten gerösteter Bohnen schmecken möchte, muss sie frisch gemahlen verwenden. Eine Kaffeebohne ist eigentlich gar keine Bohne, sondern der Samen der Kaffeepflanze, die ursprünglich in den tropischen Gefilden Afrikas beheimatet war, sich jedoch mit ihrem Wunder wirkenden Ruhm so stark verbreitete, dass Kaffee heute in über 70 Ländern angebaut wird. Zum ersten Mal erwähnt wurde die Kaffeebohne von dem persischen Arzt Rhazes im 10. Jahrhundert. Und natürlich ranken sich auch darum wieder allerlei fantastische Legenden. Zum Beispiel die des Ziegenhirten, der beobachtet hatte, dass seine Tiere, nachdem sie die roten Beeren gefressen hatten, sehr lebhaft waren, und daraufhin beschloss, selbst davon zu kosten, was ihn in solche Hochstimmung versetzte, dass er mit weit aufgerissenen Augen und klopfendem Herzen zum nahe gelegenen Kloster rannte. Die Mönche hatten natürlich für solch unheilige Stimulanzien nichts übrig und warfen die Bohnen ins Feuer, worauf ihr Duft noch mehr Mönche anlockte. Die gerösteten Bohnen wurden aus der Glut geholt, gemahlen und mit Wasser vermengt. Damit war die Tasse Kaffee geboren. Vielleicht nicht sehr glaubhaft, aber in jedem Falle eine charmante Geschichte.

Es stimmt jedoch, dass die Beeren zunächst gegessen wurden, entweder ganz oder mit tierischem Fett vermengt als proteinreiche Mahlzeit. Später machte man aus der fermentierten Schale einen Alkohol, der angeblich im Mittelalter von Äthiopien nach Arabien gelangte, um von dort aus die Weltherrschaft des Kaffees in Gang zu setzen. Erst zu Beginn des 13. Jahrhunderts wurden die Bohnen geröstet, gemahlen und mit Wasser aufgebrüht. Im Jemen nannte man dieses Gebräu »Qahwah« (abgeleitet von »qaha«: keinen Hunger haben), eine poetische Umschreibung, die man auch für Wein verwendete. Dank dieses Supertranks konnten Gläubige bis tief in die Nacht beten, worauf Sufis und andere muslimische Glaubensbrüder dazu beitrugen, dass sich das Getränk im 15. und 16. Jahrhundert quer durch den Nahen und Mittleren Osten und nach Nordafrika verbreitete.

Doch wann kam die Kaffeebohne nach Europa? Über Details können Gelehrte seit jeher vortrefflich streiten, einig sind sie sich jedoch darüber, dass die ersten Kaffeebohnen irgendwann im 16. Jahrhundert zuerst in Italien, vermutlich in Venedig, auftauchten. Das erste englische Kaffeehaus wurde 1650 von einem türkischen Juden namens Jacob in Oxford eröffnet. Und ein Mitglied der Fortnum-Familie war Mitte des 18. Jahrhunderts tatsächlich Kaffeesachverständiger an der Universität. Trotz der raschen Verbreitung wurde Kaffee häufig als subversives Getränk angesehen, denn das immer stärker florierende Kaffeetrinken ging mit immer leereren Kirchen und Moscheen einher. »Satans neuste Falle, um christliche Seelen zu fangen«, ließ daher der Vatikan verlauten. Mitte des 18. Jahrhunderts hatte der Kaffee die Neue Welt und Südindien erobert und damit die globale Koffeinsucht eingeläutet.

Als einer der ersten Kaffeeröster Londons pflegt Fortnum & Mason eine sehr lange Verbindung zur Kaffeebohne und noch heute reisen seine Einkäufer auf der Suche nach dem Kaffeenirvana kreuz und quer über den gesamten Globus von Costa Rica bis nach Äthiopien und von Guatemala und Kolumbien bis nach Tansania und Kenia.

Es gibt zwei Arten von Bohnen – die unempfindlichere, aber auch geschmacklich weniger subtile Robusta, die etwa 40 % der Welt-Kaffeeernte ausmacht, und die deutlich anspruchsvollere, delikatere Arabica. Fortnum & Mason verwendet ausschließlich Arabica-Bohnen. Sobald die Früchte der Kaffeepflanze reif sind, werden sie geerntet (vorzugsweise von Hand, um tatsächlich nur die wirklich reifen Früchte zu ernten) und getrocknet. Letzteres geschieht traditionell an der Sonne, wobei die Früchte häufig gewendet und nachts (und bei Regen) abgedeckt werden müssen, damit sie nicht verderben. Dieser Prozess kann sich mehrere Wochen hinziehen, bis der gewünschte Feuchtigkeitsgehalt (etwa 11 %) erreicht ist. Inzwischen werden auch Maschinen zum Trocknen der Früchte eingesetzt. Anschließend werden die Früchte geschält, die Kaffeebohnen nach Größe sortiert und in 60–70 kg schweren Jutesäcken exportiert.

Im Gegensatz zu Tee werden Kaffeebohnen fast immer erst im Importland geröstet, um den Kunden den bestmöglichen Geschmack zu garantieren. Die Röstgrade reichen von der hellen Zimtröstung bis zur dunklen doppelten Röstung (französische Röstung). Bei Fortnum & Mason bevorzugt man im Allgemeinen eine mittlere Röstung. Genau wie bei Wein und Tee spielt auch beim Kaffee das Anbaugebiet eine entscheidende Rolle, denn das Terroir, die Gegend und das Land, bestimmt den Charakter der Bohnen.

Single Estates, also sortenreine Kaffees aus einer einzigen Anbauregion, gelten mit ihrem besonders reinen Aroma als Spezialitätenkaffees. So besitzt der Jamaican-Blue-Mountain-Kaffee vom Clifton Mount Estate ein abgerundetes, mildes, komplexes Aroma, während der Columbia-Cascada-Kaffee von der in der Bergregion Antioquias beheimateten Finca La Cascada kräftiger und würziger schmeckt. Der elegante, natürlich veredelte Panama Esmeraldo Special (der nur einmal pro Jahr in Nanomengen versteigert wird) kann wiederum mit einem leichten Jasminaroma und Anklängen von Melone und Papaya aufwarten. Der dunkle, cremige Old Brown Jawa Bondowoso mundet mit seiner bittersüßen Schokoladennote besonders gut nach einer reichhaltigen Mahlzeit, genau wie der lebhafte, komplexe, von kenianischen Kleinbauern angepflanzte Kenya Ngandu. Fortnum & Masons Kaffeeauswahl ist aufregend vielfältig.

Blends hingegen sind Mischungen. Mit ihnen lässt sich sehr verlässlich Jahr für Jahr der gleiche Geschmack reproduzieren. Breakfast Blend mit Bohnen aus Guatemala, Costa Rica und Kolumbien ist ein ausbalancierter und fruchtig-aromatischer Kaffee, um gut in den Tag zu starten. Cabinet Blend wurde ursprünglich mit Bohnen aus Panama, Guatemala und Bolivien für das Gladstone-Kabinett kreiert (um die Abgeordneten bei langen Reden wach zu halten) und besitzt ein würzig-kräftiges Aroma. Die dunkel geröstete Club Blend aus Bohnen aus Indien, Sumatra und Brasilien wartet mit einem vollmundigen, malzigen Geschmack auf, die Queens Blend hingegen mit frischen, fruchtigen und süßlichen Karamellnoten. Die kräftige und vielseitige After Dinner Viennese Blend wiederum ist die perfekte Mischung für eine Tasse Kaffee zum Abschluss einer Mahlzeit.

Und dann spielt natürlich auch noch das Aufbrühen eine entscheidende Rolle. Der europäische Geschmack tendiert zu stark gerösteten Bohnen, aus denen sich ein kräftiger, bitterer Kaffee aufbrühen lässt. Denken Sie nur an neapolitanischen Espresso oder den französischen Café au Lait. In Australien und Neuseeland, wo die Kaffeekultur eine große Rolle spielt, mag man das Aroma lieber etwas feiner und vielfältiger.

Dank der kostspieligen Kaffeemaschinen bei Fortnum & Mason werden Espressobohnen beispielsweise fein gemahlen und das Wasser mit einem Druck von etwa 9 bar durch das Kaffeepulver gepresst. Auch hier wird meist eine Blend, also eine Bohnenmischung, verwendet, um einen immer gleichen Geschmack garantieren zu können. Auch mit Drip-Kaffeemaschinen (nicht zu verwechseln mit dem Durchlauferhitzersystem altmodischer Kaffeemaschinen, die eigentlich verbannt gehören) lassen sich hervorragende Ergebnisse erzielen, sofern der Kaffee frisch, das Wasser gefiltert und die Maschine sauber ist. Echte Kaffeeliebhaber brühen den Kaffee nach wie vor von Hand auf, um das Maximum an Geschmack aus den Bohnen herauszuholen.

Kaffee sollte man übrigens nie im Kühlschrank aufbewahren, um zu verhindern, dass er schwitzt oder gar gärt. Wichtig ist jedoch, ihn luftdicht und vor Licht geschützt zu lagern. Ach ja, und noch eins, bei echtem Kaffee trifft heißes Wasser auf gemahlene Kaffeebohnen. Vergessen Sie also diesen ganzen gefriergetrockneten Quatsch und besinnen Sie sich auf das echte Kaffeearoma.

Beilagen

»Alljährlich setzen wir im Winter jedes nur erdenkliche wissenschaftliche Hilfsmittel ein, um als Erste frisches Obst und Gemüse anbieten zu können.«

Artischocken mit Salbei und Parmesan

Große, runde Artischocken und Topinambur mit Parmesan bestreut. Ein bisschen italienisches Flair im britischsten aller Geschäfte.

Für 4 Personen

1 Zitrone, halbiert
4 große, runde Artischocken
4 mittelgroße Topinambur-Knollen
50 ml Olivenöl
100 ml Weißwein
1 EL klein gehackter Salbei
30 g frisch geriebener Parmesankäse
Salz und frisch gemahlener schwarzer Pfeffer

Eine halbe Zitrone über einer Schüssel mit kaltem Wasser auspressen und die Zitronenschale in die Schüssel geben. Die Stiele und die äußeren dunkelgrünen Hüllblätter der Artischocken entfernen. Die Blattspitzen abschneiden und mit einem kleinen, scharfen Messer die harten Blätter um die Böden herum entfernen. Mit einem Teelöffel das Heu herauskratzen und entfernen. Die Artischockenköpfe vierteln und jeweils sofort ins Zitronenwasser geben, damit sie nicht verfärben. Eventuell direkt nach dem Schneiden mit der zweiten Zitronenhälfte einreiben.

Topinambur schälen, halbieren und ebenfalls sofort ins Zitronenwasser geben, um ein Verfärben zu verhindern.

In einer Pfanne, in der die Artischocken nebeneinander Platz haben, das Olivenöl erhitzen. Die Artischocken und den Topinambur gut abtropfen lassen und von allen Seiten anbraten. Mit dem Weißwein ablöschen und danach im auf 170 °C (Gas Stufe 3) vorgeheizten Backofen schmoren, bis Artischocken und Topinambur weich sind. (Sollte ein Teil des Gemüses schneller gar sein als der Rest, diese Stücke bereits aus dem Ofen nehmen und beiseitestellen.)

Das Gemüse anschließend 5 Minuten in der Pfanne abkühlen lassen, danach den Salbei untermischen und mit Salz und Pfeffer abschmecken.

Das Gemüse auf einer Servierplatte anrichten, etwas Bratensaft darübergeben und mit Parmesan bestreut sofort servieren.

Kartoffel-Sellerie-Gratin dauphinois

Erdig schmeckender Sellerie trifft hier auf erdige Kartoffeln. Wichtig ist es, die Knollen mit der Mandoline in hauchdünne Scheiben zu schneiden. Mit Knoblauchsahne übergossen im Backofen backen, bis das Gratin hübsch gebräunt ist. Auch als Hauptgericht ein Genuss!

Für 4 Personen

500 g große Kartoffeln (King Edward)
1 Sellerieknolle
1 kleine Zwiebel
100 ml Vollmilch
200 ml süße Sahne
1 Knoblauchzehe, mit etwas Salz zu einer Paste zerdrückt
1 Prise frisch gemahlene Muskatnuss
1 Zweig Thymian, Blätter abgezupft
etwas Butter zum Einfetten
Salz und frisch gemahlener Pfeffer
klein gehackte Petersilie zum Garnieren

Kartoffeln und Sellerie schälen und mithilfe einer Mandoline in 1 mm dünne Scheiben schneiden. (Alternativ von Hand so dünn wie möglich schneiden.)

Die Zwiebel schälen, halbieren und ebenfalls so dünn wie möglich in halbmondförmige Scheiben schneiden.

In einem kleinen Stieltopf Milch, Sahne, Knoblauch, Muskatnuss und Thymianblätter aufkochen.

Eine flache Auflaufform einfetten und Kartoffeln, Sellerie und Zwiebeln hineinschichten, dabei auf jede Schicht etwas Salz streuen und etwas Knoblauchsahne darübergießen. Die Auflaufform mit Alufolie abdecken und das Gratin im auf 180 °C (Gas Stufe 4) vorgeheizten Backofen 60–90 Minuten backen, bis das Gemüse weich ist, wenn man es mit einem Messer einsticht. Nach der Hälfte der Backzeit die Alufolie entfernen, damit das Gratin goldbraun und knusprig an der Oberfläche wird. Mit klein gehackter Petersilie bestreut servieren.

Geschmorte Salatherzen mit Orange und Anis

Keine Sorge, dieser Salat schmeckt auch gegart. Eine moderne, erfrischende Beilage, die hervorragend zu Fisch passt.

Für 4 Personen

4 Salatherzen
2 EL Olivenöl
200 ml frisch gepresster Orangensaft
1 Sternanis
30 g Butter, gewürfelt
Salz und frisch gemahlener schwarzer Pfeffer

Die Salatherzen putzen und halbieren, dabei eventuell braune Stellen entfernen. Den Salat kurz unter kaltem Wasser waschen und danach zum Trocknen auf ein Geschirrtuch legen.

Das Olivenöl in einer für den Backofen geeigneten Pfanne erhitzen, in die die Salatherzen nebeneinander hineinpassen. Die Salatherzen mit etwas Salz und Pfeffer bestreuen und mit der Schnittseite nach unten in die Pfanne legen. Die Salatherzen etwa 1 Minute goldbraun anbraten, wenden, weitere 30 Sekunden braten und danach den Orangensaft und den Sternanis dazugeben. Sobald der Orangensaft köchelt, die Pfanne für etwa 6 Minuten in den auf 180 °C (Gas Stufe 4) vorgeheizten Backofen stellen, bis der Salat zart ist, aber immer noch Biss hat.

Die Pfanne aus dem Ofen nehmen, die Salatherzen auf einen Teller legen und den Orangensaft durch ein Sieb in einen kleinen Stieltopf gießen und köcheln lassen, bis er auf die Hälfte reduziert ist. Mit dem Schneebesen portionsweise die Butterwürfel unterrühren und anschließend die Sauce abschmecken. Die fertige Sauce über den Salat gießen und sofort servieren.

Erbsen à la française

Zwiebeln, Geflügelbrühe, Salatherzen und Erbsen – eine Beilage, die edle Zutaten zu einem noch edleren Gericht verwandelt. Dieses Rezept entweder im Sommer zubereiten, wenn frische Erbsen richtig süß schmecken, oder tiefgefrorene Erbsen verwenden.

Für 4 Personen

50 g Butter
1 kleine Zwiebel, in dünne Scheiben geschnitten
100 g Speckwürfel
200 g frische oder TK-Erbsen
50 ml Weißwein
80 ml Hühner- oder Gemüsebrühe
1 Salatherz, in dünne Streifen geschnitten
Salz und frisch gemahlener Pfeffer

Die Butter in einem Stieltopf zerlassen und die Zwiebeln und Speckwürfel darin etwa 5 Minuten sanft garen, bis die Zwiebeln weich und glasig sind. Die Erbsen und den Weißwein untermischen und 2 Minuten köcheln lassen.

Die Brühe dazugießen, alles weitere 2 Minuten köcheln lassen und dann die Salatstreifen unterrühren, bis sie zusammengefallen und weich sind. Zum Schluss alles mit Salz und Pfeffer abschmecken.

Glasierte Pastinaken mit Honig

Hochwertiger Honig und viel Butter sind das Geheimnis dieser karamellisierten Glasur. Süß, keine Frage, aber weniger ist hier mehr. Und die Petersilie sorgt am Ende für eine frische Note.

Für 4 Personen

800 g Pastinaken
2 EL Pflanzenöl
30 g Butter
20 g Honig
10 g hellbrauner Zucker
3 EL klein gehackte glatte Petersilie
Salz und frisch gemahlener schwarzer Pfeffer

Die Pastinaken schälen und in 5 cm dicke Scheiben schneiden. Die Scheiben in dicke Stäbchen schneiden und dabei eventuell die holzige Mitte der Wurzeln aussparen. Die Pastinaken anschließend 2–3 Minuten in kochendem Salzwasser blanchieren und danach gut abtropfen lassen.

Die Pastinaken auf einem Backblech mit dem Olivenöl vermengen und 25–30 Minuten im auf 190 °C (Gas Stufe 5) vorgeheizten Backofen goldbraun und weich backen.

In einer großen Pfanne die Butter mit dem Honig und dem Zucker erhitzen, bis daraus ein Sirup entsteht. Die Pastinaken hineingeben, mit etwas Salz und Pfeffer würzen und garen, bis sie von der Glasur überzogen sind. Mit Petersilie bestreut servieren.

Eine kleine Anmerkung zu den Illustrationen

Als Veteran der Burenkriegs und der beiden Weltkriege war Colonel Charles Wyld gewiss kein gewöhnlicher Soldat und zudem der vielleicht revolutionärste Direktor von Fortnum & Mason. Vor allem dank seiner Nichte hatte er enge Verbindungen zu dem eher modernen Teil der Kunstwelt, und das zu einer Zeit, da Armee und Avantgarde gemeinhin nicht als Bettgenossen galten.

Wyld trat 1905 in die Firma ein, in der damals die Zeit seit dem Beginn des Viktorianischen Zeitalters stehen geblieben zu sein schien. Fortnum & Mason zählte damals 35 Mitarbeiter und galt als Lebensmittelgeschäft mit dem Schwerpunkt auf Wein, Alkohol, Zigarren und Catering. Wyld verfolgte ehrgeizige Pläne, die Geschäftsidee auszuweiten, bis ihn 1914 der Beginn des Ersten Weltkriegs ausbremste und er als stellvertretender Kommandeur des Munitionsdepots des 16. Bataillons des King's Royal Rifle Corps einberufen wurde, das er mit dem Rang eines Oberstleutnants wieder verließ. Nach Kriegsende begann er die Pachtverträge der angrenzenden Liegenschaften aufzukaufen, wodurch sich der einst angesehene königliche Lebensmittelhändler 1931 zum hochverehrten königlichen Warenhaus mauserte.

Fortnum & Mason blieb auf ein gehobenes Publikum ausgerichtet, das man z. B. mit der zur Weltelite der Golfspielerinnen zählenden Joyce Wethered köderte, die als Angestellte in der Sportabteilung arbeitete. Doch dass Wyld schließlich Hugh Stuart Menzies mit ins Boot holte, veränderte schließlich alles. Menzies baute nicht nur eine firmeneigene Invalidenversorgung auf, sondern er leitete auch als Verwalter des Werbeetats bei Fortnum & Mason die Stuart-Werbeagentur Werbeagentur, die ab 1930 wunderhübsch geschriebene und illustrierte *Kommentare* als eine Art Verkaufskataloge herausbrachte, denen die meisten in diesem Buch enthaltenen Illustrationen entnommen sind.

»Nur zu, arbeiten Sie die Idee aus und wir versuchen es«, wies der visionäre Wyld den Werbefachmann Menzies an. »Ich hatte kleine Hefte vor Augen, die an sorgsam ausgewählte Adressaten verschickt werden sollten«, erläuterte Menzies die *Kommentare*. »Hefte mit dem Leseanspruch kleiner Bücher, wie man sie in Buchhandlungen ersteht oder in Büchereien ausleiht. Keinerlei Anspielungen auf Werbekataloge, die *Kommentare* sollten ausschließlich Humor und Lebensfreude versprühen.« Ganz offensichtlich ein Erfolgsrezept, und es bereitet große Freude, sich seine schmeichelnden Texte noch einmal einzuverleiben. »Anchoviswaffeln so luftig wie die Winde über dem Golf der Biskaya in Biarritz.« »Chutneys, die solch heißblütige Leidenschaft entfachen, wie es sich kaum in kalte Worte fassen lässt.« Und Früchte »in Flaschen, abgeschieden von den weltlichen Ablenkungen. Unsere Kirschen meditieren in gütigem alten Cognac.«

Der Umschlag war genauso wichtig wie der Katalog. »Unverschlossene Umschläge, die mit einer Briefmarke frankiert sind, die gerade einen halben Penny wert ist, werden in der Regel ungeöffnet weggeworfen«, erläuterte Menzies. »Ich entwickelte die Idee, offene Umschläge mit einer Halben-Penny-Briefmarke zu verwenden, aber außen ein kleines, mysteriöses Bild mit einer Überschrift anzubringen, um die Empfänger neugierig auf den Inhalt zu machen.«

Und wenn Menzies' Texte Begeisterung versprühten, so galt dies gleichermaßen für die Illustrationen, denn der vielseitig talentierte Menzies malte genauso gut, wie er schrieb. In den 1920er- und 1930er-Jahren wurde der Künstler und Zeichner W. M. Hendy hinzugezogen, der als Chefkarikaturist für die Satirezeitschrift *Punch* arbeitete, und auch Edward McKnight Kauffer und Cedric Morris steuerten Illustrationen bei, doch berühmt wurden vor allem die geistreichen, lebhaften und plakativen Illustrationen Edward Bawdens. Besonders seine Katzenbilder kamen beim Publikum gut an. Katzen und noch mal Katzen. Bawden arbeitete ab 1932 für Fortnum & Mason, bis der Zweite Weltkrieg jeglicher Form von extravaganter Werbung erst mal ein jähes Ende setzte, denn in Zeiten strenger Rationierung schien es wohl kaum angebracht, geistreich gezeichnete Luxusartikel anzupreisen. Doch die Zusammenarbeit wurde 1955 nach dem Ende der Rationierung sofort wieder aufgenommen.

Bawden war ein großer Künstler und wird inzwischen wieder zunehmend verehrt. Und das aus gutem Grund. Ein Maler, Drucker, Illustrator und Grafikdesigner (seine Zusammenarbeit mit dem Kochbuchautor Ambrose Heath war absolut brillant) und sogar ein Designer von metallenen Gartenmöbeln. Ein wahrer Tausendsassa, ein Ass auf vielen Gebieten, und dabei war seine Kunst nie roh oder gequält oder ein Seelenstriptease à la van Gogh. Vielmehr bestand er darauf, seine Kunst als gutes Design zu verstehen, wie die Illustrationen dieses Buchs unschwer beweisen. Wyld und Menzies hatten wirklich ein Gespür für Talente.

Und natürlich waren diese *Kommentare* in Wahrheit Werbekataloge. Jedoch entsprachen sie in ihrer eleganten und exquisiten Ausführung ganz und gar dem Stil Fortnum & Masons. Und dank ihrer geistreichen, witzigen und schwungvollen Texte und ihrer vergnüglichen und bezaubernden Illustrationen erweisen sich die *Kommentare* bis heute als zeitlos und verführerisch. Colonel Wyld wäre stolz darauf.

EIIR
GEORGE VI 1936–1952
EDWARD VIII 1936
WILLIAM IV 1830 1837
QUEEN VICTORIA 1837–1901
EDWARD VII 1901 1910
GEORGE V 1910–1936
GEORGE IV 1820–1830
GEORGE III 1760–1820
GEORGE II 1727–1760
GEORGE I 1714–1727
QUEEN ANNE 1702–1714
This is
the twelfth reign
in which we have
been privileged
to serve

Pariser Kartoffeln

Dieses altmodische Gericht ist es absolut wert, wiederbelebt zu werden, denn im Grunde genommen handelt es sich einfach um richtig gute Bratkartoffeln. Die Kartoffelstücke, die beim Ausstechen übrig bleiben, einfach für eine Suppe verwenden.

Für 4 Personen

1 kg Kartoffeln mit roter Schale
100 ml Olivenöl
130 g Butter
Blätter von 6 Zweigen Thymian
2 Knoblauchzehen, geschält und mit der flachen Messerklinge leicht zerdrückt
Salz und frisch gemahlener schwarzer Pfeffer

Die Kartoffeln schälen und mit einem kleinen Kugelausstecher (für Melonen) möglichst wirklich runde Kugeln ausstechen und diese direkt in eine große Schüssel mit kaltem Wasser geben.

In einer Schmorpfanne, die so groß ist, dass die Kartoffelkugeln nebeneinander hineinpassen, das Olivenöl erhitzen, bis es beinah raucht. Die Kartoffelkugeln abtropfen lassen und gründlich mit Küchenkrepp trocknen. Das ist wichtig, da sonst das Öl spritzt. Die Kartoffeln im heißen Öl von allen Seiten goldbraun braten. Die Pfanne danach für 15–18 Minuten in den auf 180 °C (Gas Stufe 4) vorgeheizten Backofen stellen, bis die Kartoffeln gar sind. Anschließend die Kartoffelkugeln in einem Salatsieb abtropfen lassen.

Die Butter in einer Pfanne zerlassen und den Knoblauch und den Thymian darin 2 Minuten garen. Die Kartoffeln dazugeben, in der heißen Butter wälzen, mit Salz und Pfeffer würzen und etwa 5 Minuten braten, bis sie weich und hübsch gebräunt sind.

Die Kartoffeln mit einem Schaumlöffel herausheben, auf Küchenkrepp trocknen lassen, noch etwas Salz darübergeben und umgehend servieren.

Lauchgemüse mit Sahne und krossem Speck

Weicher Lauch, knuspriger Schinkenspeck. Eine der Beilagen, die auch als Hauptgang durchgehen kann.

Für 4 Personen

500 g Lauch (nach dem Putzen gewogen)
40 g Butter
100 ml Weißwein
120 ml süße Sahne
1 EL Thymianblätter
200 g Schinkenspeck, in kleine Streifen geschnitten
1 EL Pflanzenöl
Salz und frisch gemahlener schwarzer Pfeffer

Den Lauch längs halbieren und in 4 cm lange Streifen schneiden. Die Butter in einem Stieltopf zerlassen und darin den Lauch mit etwas Salz und Pfeffer weich garen. Mit dem Weißwein ablöschen und um drei Viertel einkochen lassen. Zum Schluss die Sahne und den Thymian dazugeben und alles 2–3 Minuten köcheln lassen, bis der Lauch ein wenig von der Sahne überzogen ist. Abschmecken und eventuell nachwürzen.

Den Speck im Pflanzenöl kross braten und danach gründlich abtropfen lassen. Zum Servieren den Lauch in eine kleine Schüssel füllen und den Speck darübergeben.

Desserts & Süßes

»Hier zeigt sich echte Kochkunst.«

Himbeer-Trifle

Dieser typisch britischen geschichteten Süßspeise haftet überhaupt nichts Lächerliches an, vor allem da die Löffelbiskuits hier mit Himbeerlikör getränkt werden. Ein einfaches Sommer-Trifle, ohne Götterspeise. Keine Panik angesichts des langen Rezepts, denn die Zutaten werden hier einfach übereinandergeschichtet. Lediglich die Vanillecreme sollte vorher zubereitet werden. Wählen Sie zum Servieren die tiefste Schüssel, die Sie haben.

Für 8 Personen

etwa 4 EL Himbeermarmelade
1 Packung Löffelbiskuits
120 ml Himbeerlikör (z. B. Chambord)
500 g Himbeeren
400 ml süße Sahne, steif geschlagen
1 kleine Handvoll leicht gerösteter Mandelblättchen

Für die Vanillecreme
500 ml Vollmilch
1 Vanillestange
4 Eigelb
70 g Zucker
1,5 EL Maisstärke

Für die Vanillecreme die Milch in einen Topf gießen, die Vanilleschote längs aufschneiden und das Mark über der Milch herauskratzen. Die Vanilleschote ebenfalls in die Milch geben, die Vanillemilch aufkochen und parallel in einer Backschüssel das Eigelb mit dem Zucker und der Maisstärke schaumig schlagen. Mit einem Holzlöffel nach und nach die heiße Milch unter die Eiermischung rühren, danach alles zurück in den Topf geben und bei niedriger Temperatur so lange rühren, bis die Creme eindickt. Die Creme in eine Schüssel gießen und die Oberfläche mit Küchenfolie abdecken, damit sich keine Haut bildet. Die Creme abkühlen lassen und dann in den Kühlschrank stellen.

Für das Anrichten eine tiefe Glasschüssel mit einem Durchmesser von 20 cm wählen und den Boden mit Himbeermarmelade bestreichen. Die Hälfte der Löffelbiskuits darauf verteilen und mit der Hälfte des Himbeerlikörs beträufeln. Darauf die Hälfte der Himbeeren und danach die Hälfte der Vanillecreme verteilen. Die Hälfte der Schlagsahne mit dem Spritzbeutel oder einem Löffel darübergeben und diese Reihenfolge (bis auf die Marmelade) wiederholen. Die oberste Schicht Schlagsahne mit den gerösteten Mandeln bestreuen und das Trifle bis zum Servieren im Kühlschrank aufbewahren.

Gedämpfter Orangenpudding mit Vanillesauce

Ein eleganter Pudding, der erstaunlich leicht daherkommt. Seien Sie großzügig in Bezug auf die Orangenmarmelade. Für eine schnelle Sauce einfach ein paar EL Orangenmarmelade, einen Löffel Orangensaft und einen Schuss Whisky oder Cognac erwärmen und über den Pudding gießen.

Für 4–6 Personen

175 g Orangenmarmelade
100 g weiche Butter
100 g Zucker
Schalenabrieb von 1 Orange
2 Eier, leicht verquirlt
160 g Weizenmehl
10 g Backpulver
40 ml Milch

Für die Vanillesauce
250 ml Vollmilch
250 ml süße Sahne
1 Vanillestange
6 Eigelb
115 g Zucker
10 g Maisstärke

Eine 900 ml fassende Puddingform einfetten, den Boden mit Backpapier auslegen und die Orangenmarmelade darauf verstreichen.

Butter, Zucker und Schalenabrieb schaumig rühren und nach und nach die Eier untermischen. Das Mehl und das Backpulver darübersieben und mit einem großen Metalllöffel unterheben. Zum Schluss die Milch unterheben.

Die Puddingmischung in die Form füllen und die Form mit Backpapier und Alufolie abdecken. Vorher in die Mitte des Backpapiers und der Alufolie eine Falte machen. Beides mit Küchengarn unter dem Rand der Form festbinden. Die Puddingform auf einen Dampfeinsatz stellen und den Pudding 1,5 Stunden über kochendem Wasser dämpfen. Zwischendurch eventuell Wasser nachfüllen.

In der Zwischenzeit für die Vanillesauce die Milch und die Sahne in einen Topf geben. Die Vanilleschote aufschneiden, das Mark herauskratzen, Mark und Vanillestange zu der Sahnemischung geben und diese aufkochen. In einer Schüssel das Eigelb mit dem Zucker und der Maisstärke schaumig rühren und nach und nach die Hälfte der Sahnemischung einrühren. Unter ständigem Rühren die Mischung wieder in den Topf gießen und sanft erhitzen, bis die Sauce eindickt. Den Topf sofort vom Herd nehmen und die Sauce durch ein feines Sieb in eine Schüssel streichen. Während des Abkühlens gelegentlich umrühren, damit sich keine Haut bildet.

Die Folie und das Backpapier vom Pudding entfernen, mit einem Messer zwischen Pudding und dem Rand der Form entlangfahren und den Pudding auf einen Servierteller stürzen. Den Pudding sofort servieren und die Sauce dazu reichen.

Rosa Rosenpudding

Ein mit Rosenwasser aromatisierter und obendrein mit Rosenblättern dekorierter, sommerlicher Pudding. Wenn die Jahreszeit schon zu weit fortgeschritten ist, sollte man die Erdbeeren durch Brombeeren und schwarze Johannisbeeren ersetzen.

Für 6 Personen

750 g Beeren der Saison
110 g Zucker
10 g Maisstärke
½ Vanillestange
Schalenabrieb einer halben Orange
1–2 EL Rosenwasser
7–8 Scheiben Weißbrot ohne Rinde
ein paar frische, unbehandelte Rosenblätter zum Dekorieren

Beeren, Zucker, Maisstärke, Vanillestange und Orangenschale in einen Stieltopf geben, gut umrühren, langsam erhitzen und 1–2 Minuten köcheln lassen. Den Topf vom Herd nehmen und nach Geschmack Rosenwasser dazugeben. 3–4 EL Beerenkompott beiseitestellen, die restlichen Früchte abtropfen lassen und dabei den Saft auffangen.

Eine 1-l-Puddingform mit Küchenfolie auskleiden und die Folie dabei so weit überhängen lassen, dass damit hinterher der Pudding bedeckt werden kann. Aus einer Brotscheibe einen Kreis ausschneiden, der so groß ist, dass er den Boden der Form bedeckt. Die Brotscheibe in den Beerensaft tunken und in die Form legen. Die restlichen Brotscheiben diagonal in zwei Hälften schneiden, jeweils in den Saft tunken und damit den Rand der Puddingform leicht überlappend auskleiden, sodass keine Lücken übrig bleiben.

Die Beeren in die Puddingform geben und vorher die Vanillestange entfernen. Mit einer letzten, in den Saft getunkten Brotscheibe die Früchte abdecken und die Küchenfolie darüberlegen. Den Pudding mit einem Teller abdecken, der genau in die Form passt, und diesen mit einem Gewicht beschweren (z. B. einer Dose Bohnen). Den Pudding über Nacht im Kühlschrank ruhen lassen.

Zum Servieren mit einem Messer zwischen Pudding und dem Rand der Form entlangfahren, den Pudding auf einen Servierteller stürzen und mit dem beiseitegestellten Kompott garnieren. Ein paar Rosenblätter darüberstreuen und vorzugsweise mit reichlich Schlagsahne servieren.

Konfitüre

Mehr als 30 verschiedene Sorten Konfitüre glänzen bei Fortnum & Mason im Jam Temple, eine der Lebensmittelhallen, die dieser süßen, klebrigen Verführung vorbehalten ist, um die Wette. Von Anfang an gehören Konfitüren und Marmeladen zur Essenz des Warenhauses, denn bereits 1707 verkaufte man Zucker und frische Orangen, Zitronen und Mandarinen, damit in den großen Küchen der Adelshäuser Marmelade gekocht werden konnte und damit der Geschmack des Sommers für die bevorstehenden langen, dunklen Wintermonate konserviert wurde.

Spätestens jetzt sollten wir unseren klebrigen Löffel auf Nicolas Appert erheben, denn der Franzose erfand 1809 eine Methode, Konfitüren in Dosen und Gläser abzufüllen, was wiederum unsere Essgewohnheiten oder zumindest unsere Vorratshaltung radikal veränderte. Fortnum & Mason bediente sich dieser neuen Technologie und begann mit Obst aus Kent und Evesham eigene Konfitüren herzustellen. Für das Catering der stetig wachsenden Mittelschicht, die mit wenig Bediensteten auskommen musste, wurden Konfitüren mit hohem Zuckergehalt in Dosen abgefüllt. Diese Dosen eigneten sich natürlich auch perfekt für den Export und für all jene Auswanderer, die in der Fremde den Geschmack der Heimat vermissten. Kurz nach Beginn des Zweiten Weltkrieges war Zucker so rar wie Kiebitzeier und wurde erheblich rationiert, worauf man im Musical *Oh! What a Lovely War* weinerlich sang: »Was sollen wir machen mit Eiern und Speck?/Warum sind die süßen Marmeladen weg?«

Zucker war jedoch so rar, dass in den Warenkatalogen zwischen 1940 und 1952 Konfitüren so gut wie keine Erwähnung fanden. Eingekochte und in Dosen konservierte billige Früchte wie Äpfel, Birnen und Pflaumen wurden einfach als »gemischte Konfitüre« bezeichnet. In den Kriegsjahren behalf man sich sogar mit einer Marmelade aus grünem Gartenkürbis und Ingwer. Warum sonst würde man diese riesigen, zucchiniartigen Kürbisse wohl verzehren? Anstelle des Zuckers, der kaum zu beschaffen war, verwendete man Orangen, Rosinen und sogar Maronen zum Süßen. Dennoch legte man großen Wert auf Konsistenz und Qualität und schaffte es, dem üblichen Standard von Fortnum & Mason gerecht zu werden.

Und daran hat sich nichts geändert. Jedes einzelne Produkt muss die Lippen des Chefeinkäufers passieren und wenn es zu süß, zu klebrig, zu klumpig oder zu flüssig sein sollte, wird es zurückgeschickt. Bei Fortnum & Mason kocht man Konfitüren immer noch auf die altmodische Art in kleinen Töpfen ein, in denen das süße Kompott – von Hand gerührt – vor sich hin blubbert. Ganz im Gegensatz zu industriell hergestellter Konfitüre, die maschinell in riesigen, uniformen und standardisierten Mengen hergestellt wird. Und jedes Detail zählt – vom verwendeten Zucker (Demerara-Zucker für hellere, fruchtigere Konfitüren; Muscovado-Zucker für eine süßere Karamellnote) über die Obstsorte (damit die Erdbeermarmelade perfekt streichbar ist, werden die Sorten Cambridge Favourite und Tioga verwendet) bis hin zum hinzugefügten Alkohol (Erdbeermarmelade wird beispielsweise mit der Champagner-Hausmarke aufgewertet, da minderwertiger Alkohol geschmackliche Nuancen schlicht überdecken würde). Und was die Woodland-Erdbeerkonfitüre – die Königin unter den Konfitüren – betrifft, so wird sie aus ausschließlich aus wilden schottischen Walderdbeeren gemacht. Ein weiterer Klassiker bei Fortnum & Mason ist das Rosengelee, für das nicht irgendwelche alten Rosenblätter verwendet werden, sondern vielmehr ausschließlich jene, die in einem Garten in der Nähe von Henley unter der Obhut einer Dame, die einst in der Elektroabteilung gearbeitet hat, wachsen. Wenn es regnet, können die Rosenblätter nicht geerntet werden, da dies den Duft beeinträchtigen würde. Für das perfekte Bouquet werden die Blätter ausschließlich in der Nacht nach einem sonnigen Tag gesammelt und dürfen dann ruhen, um erst am nächsten Tag als Gelee eingekocht zu werden. Und die Mühe ist es wert, denn bei Fortnum & Mason ist Konfitüre niemals nur ein einfacher Brotaufstrich.

Milchreis mit Erdbeerkonfitüre

Hier werden vielleicht Erinnerungen an eher verdrießliche Zeiten in der Schulkantine wach, doch richtig zubereiteter Milchreis ist die wohl tröstliche Süßspeise, die man sich denken kann. Natürlich sollte er nicht im Backofen zubereitet werden, damit sich keine Haut bildet, obwohl das Geschmackssache ist. Und Erdbeermarmelade ist der perfekte Begleiter.

Für 4–6 Personen

80 g Milchreis (Rundkornreis)
600 ml Vollmilch
1 Vanilleschote
50 g Zucker
25 g Butter
frisch geriebene Muskatnuss
hochwertige Erdbeermarmelade zum Servieren

Reis und Milch in eine Kasserolle geben. Die Vanilleschote längs aufschneiden und das Mark über der Milch herauskratzen. Die Vanilleschote ebenfalls in die Milch geben, die Milch aufkochen und den Milchreis 30–40 Minuten sanft köcheln lassen, bis die Reiskörner weich sind und die Flüssigkeit fast vollständig aufgesogen haben. Vor allem zum Ende der Garzeit häufig umrühren.

Die Vanilleschote entfernen, Zucker und Butter etwa 1 Minute unterrühren und nach Geschmack etwas Muskatnuss darüberreiben. Den Milchreis auf kleine Schalen aufteilen und jeweils einen Löffel Erdbeermarmelade darübergeben.

Mark Hix's Earlgazey Pond Pudding

Dieser gedämpfte Pudding verdankt seinen ungewöhnlichen Namen dem britischen Autor Stephen Fry. Anlässlich eines eleganten Arbeitsessens des Aufsichtsrats von Fortnum & Mason kreierte Mark Hix diese etwas exotischere Variante des traditionellen Stargazey Pie und ersetzte dafür kurzerhand Zitronen durch Bergamotten, die auch dem Earl-Grey-Tee sein ganz besonderes Aroma verleihen. Stephen Fry fand daher den Namen »Earlgazey« deutlich passender und dabei blieb es. Dennoch kann man hier auch Zitronen verwenden, sollten Bergamotten gerade nicht erhältlich sein.

Für 4–6 Personen

250 g Mehl
2 gestrichene TL Backpulver
125 g klein gehackter Rindertalg (oder eine vegetarische Alternative)
150 ml Milch
300 g weiche Butter plus Butter zum Einfetten
200 g hellbrauner Zucker
1 große Bergamotte (ersatzweise 1 Zitrone)

Mehl, Backpulver und Talg in einer Schüssel vermengen und nach und nach die Milch unterrühren, bis ein weicher Teig entsteht, der aber nicht klebrig sein sollte. Den Teig auf einer mit etwas Mehl bestaubten Arbeitsfläche kreisförmig ausrollen, um damit eine 1,5-l-Puddingform auszulegen. Dafür ein Viertel aus dem Teigkreis herausschneiden, um den Teig zu einem Trichter formen zu können, was das Auskleiden der Puddingform erleichtert. Das Teigviertel für den Deckel aufbewahren. Die Puddingform gut einfetten, den Teig hineingleiten lassen, am Boden der Form flach drücken und die Enden, dort, wo der Teig herausgeschnitten wurde, verbinden.

Butter und Zucker schaumig rühren und in die Puddingform füllen. Die Bergamotte oder die Zitrone rundherum mit einer Bratengabel oder einem Metallspieß so tief einstechen, dass der Saft austreten kann, und dann die Frucht in die Buttermischung drücken. Den restlichen Teig erneut ausrollen, sodass er als Deckel auf die Puddingform passt. Die Teigenden am Rand fest zusammendrücken, damit die Füllung darunter gut eingeschlossen ist.

Ein Stück Alufolie zurechtschneiden, das so groß ist, dass es die Puddingform rundherum um mindestens 5 cm überlappt. In der Mitte eine Falte formen und damit die Puddingform abdecken. Die Alufolie mit Küchengarn unter dem Rand der Form festbinden oder die Form mit der Folie wie ein Päckchen verschnüren und oben eine Schlaufe binden, damit man die Puddingform leichter aus dem Wasserbad herausheben kann. Einen großen Topf zur Hälfte mit Wasser füllen, das Wasser aufkochen und die Puddingform hineinstellen. Den Topf abdecken, den Pudding 4 Stunden im Wasserbad garen und dabei den Wasserstand im Auge behalten und darauf achten, dass das Wasser unablässig kocht.

Zum Servieren die Puddingform aus dem Wasser herausheben, die Alufolie entfernen und mit einem Messer zwischen Pudding und Form entlangfahren, damit sich der Pudding besser aus der Form stürzen lässt. (Der Pudding kann auch noch mindestens 1 Stunde in der Form warm gehalten werden.) Die Puddingform mit einem tiefen Teller abdecken und schnell umdrehen, um den Pudding auf den Teller zu stürzen.

Panettone Bread and Butter Pudding

In dieser edlen Variante der klassischen englischen Süßspeise ersetzt italienischer Panettone das sonst üblicherweise verwendete Weißbrot. Sollte Panettone gerade nicht erhältlich sein, kann man ersatzweise Rosinenbrot oder Teekuchen verwenden.

Für 6 Personen

40 g weiche Butter
frisch geriebene Muskatnuss
gemahlener Zimt
300 g Panettone, in 8 mm dicke Scheiben geschnitten
1 Vanilleschote
250 ml süße Sahne
250 ml Milch
3 Eier
1 Eigelb
125 g Zucker

Eine etwa 23 cm große, quadratische Auflaufform großzügig mit weicher Butter einfetten und mit etwas Muskatnuss und Zimt bestauben. Die Panettonescheiben in der Form stapeln und zunächst beiseitestellen.

Die Vanilleschote längs aufschneiden und das Mark herauskratzen. Vanillestange und -mark mit der Sahne und der Milch in einen Topf geben und bis zum Siedepunkt erhitzen. In einer Schüssel die Eier und das extra Eigelb mit dem Zucker schaumig schlagen und bei ständigem Rühren langsam zu der heißen Mischung gießen.

Die Vanillecreme durch ein Sieb in einen Krug abfüllen, anschließend über den Panettone gießen und 10 Minuten einziehen lassen. Ein gefaltetes Geschirrtuch in eine große Auflaufform legen, die Panettoneform daraufstellen und die große Form mit Wasser aufgießen, bis die kleine Form zur Hälfte im Wasser steht. Den Auflauf im auf 140 °C (Gas Stufe 1) vorgeheizten Backofen 35–40 Minuten backen, bis er an der Oberfläche hübsch gebräunt ist und die Eiercreme gerade gestockt ist. Den Auflauf vor dem Servieren etwa 15 Minuten ruhen lassen.

Honig

Honig. Ein Geschmack so alt wie Quellwasser, die reinste Destillation von Blumen, Wiesen und Sonnenschein. Reiner, konzentrierter Nektar zum Süßen von Tee, Kuchen und der ganzen Gesellschaft, ein uraltes Symbol der Gesundheit, des Reichtums und des Überflusses. Dünn auf warmen, gebutterten Toast gestrichen, über alten Pecorino-Käse geträufelt, zum Glasieren von Lammkoteletts verwendet, unter Eis gemischt oder um Möhren darin zu schwenken – Honig als Kochzutat ist ungemein vielseitig und außerdem untrennbar mit der Geschichte von Fortnum & Mason verbunden.

Im 18. und im 19. Jahrhundert war das Warenhaus der einzige Anbieter britischer Honigwaben. Doch mit der Öffnung neuer Handelswege floss der Honig quer über den ganzen Globus, wurde in großen Gefäßen zur Schau gestellt und an der Theke in kleine Gläser abgefüllt. Im Gebirge Sardiniens gesammelter Honig mit Anklängen wilder Kräuter, spanischer Orangenblütenhonig, französischer Lavendelhonig, ungarischer Akazienhonig und Honig mit der ganzen Wabe als ursprünglichster und reinster Honig überhaupt. Sogar Honig von den Pitcairninseln, einem der entlegensten und vor Umweltverschmutzung geschütztesten Orte der Welt, aus dem Nektar von Hibiskus-, Passionsfrucht-, Guaven- und Rosenapfelblüten. Jede dieser Honigsorten hat ihren ganz eigenen Charme, ihre blumige Note und ihre köstlichen Aromen.

Erwähnenswert sind natürlich auch englische Honigsorten wie der Salisbury Plain oder der Shropshire oder Honig aus kleinen Imkereien in Yorkshire, Essex, Wales oder Wiltshire, denn sie unterscheiden sich so ungemein von den industriell gefertigten Honigsorten, aus denen man weder Herkunft noch irgendeine individuelle Note herausschmeckt. Bei Fortnum & Mason stehen auf dem Hausdach sogar eigene, kunstvoll gefertigte Bienenstöcke mit Pagodendächern und Triumphbögen vor den Eingängen, gestrichen natürlich in dem für Fortnum & Mason typischen Türkiston. Von hier schwärmen die heimischen Buckfastbienen aus, um sich an den Blumen im Green Park, in Clarence House und im Park des Buckingham-Palasts zu laben. Weitere Bienenstöcke stehen in Saint Pancras, Bermondsey und Hoxton, um die besonderen Londoner Aromen einzufangen. Da es innerhalb des Autobahnrings um London wenig Landwirtschaft gibt, sind die Endprodukte frei von Pestiziden. In seinem Naturzustand direkt nach dem Schleudern ist Honig immer flüssig, doch je nachdem von welchem Nektar er stammt und wie die Bienen gehalten werden, kann er recht schnell kristallisieren. Um festen Honig wieder flüssig zu machen, stellt man das Honigglas am besten für etwa 20 Minuten in ein heißes Wasserbad.

Bei sogenannten Trachtenhonigsorten wird der Geschmack wie beim Lavendelhonig von einer einzigen Blütensorte dominiert, doch wesentlich häufiger – und dazu zählt natürlich auch der Londoner Honig – ist Blütenhonig aus Nektar verschiedener Pflanzenarten. Honig ist sehr lange haltbar und angeblich hat man sogar in den ägyptischen Pyramiden Honig gefunden, der nach Tausenden Jahren immer noch in perfektem Zustand war. Doch natürlich schmeckt Honig frisch hergestellt besonders köstlich, auch wenn er sich danach noch viele Jahre hält. Am besten lagert man ihn in einem geschlossenen Gefäß bei Raumtemperatur und keinesfalls im Kühlschrank.

Beim Kochen kommt es darauf an, für welchen Zweck man den Honig verwenden möchte. Heller, milder Honig, wie z. B. Akazienhonig, eignet sich hervorragend für Cocktails oder über Obst oder milden Käse geträufelt. Etwas dunklere Honigsorten mit ausdrucksvollerem Geschmack sind perfekt für Marinaden und Grillfleisch, aber auch für gehaltvollere Kuchen und Süßspeisen. Die dunklen, beinah schwarzen Honigsorten sollte man mit Bedacht einsetzen, denn sie können mildere Aromen leicht übertünchen. Am Ende ist Honig einfach eine der wunderbarsten Zutaten von Mutter Natur und eine Verneigung vor der bescheidenen Biene. Oder mit den Worten der Lyrikerin Emily Dickinson: »Der kleinsten Biene Honigtracht/vervielfacht Sommers Zeit, –/froh ist sie, dass selbst kleinste Fracht/zur goldnen Ernt' trägt bei.« (dt. von Bertram Kottmann)

Treacle Tart

Knausern Sie nicht mit dem Golden Syrup und reichen Sie Schlagsahne oder Clotted Cream dazu. Bei Fortnum & Mason verwendet man ein wenig Zitronen- und Ingweraroma, um diesen Kuchenklassiker perfekt zu machen.

Für 8 Personen

25 g Butter
30 g Demerara-Zucker
375 g Golden Syrup (Zuckersirup)
30 g Clotted Cream (ersatzweise Mascarpone)
Saft und Schalenabrieb von ½ Orange
Saft und Schalenabrieb von ½ Zitrone
150 g frische weiße Semmelbrösel
1 Apfel, geschält und gerieben
2 EL gemahlener Ingwer

Für den Kuchenboden
150 g weiche Butter
140 g Zucker
300 g Weizenmehl Typ 00 (Pizzamehl)
1 Ei, leicht verquirlt, plus 1 Eigelb zum Glasieren
30 ml Milch

Die Butter in einem Schmortopf zerlassen und den Demerara-Zucker einrühren, bis dieser beginnt sich aufzulösen. Den Golden Syrup unterrühren, danach die Clotted Cream oder den Mascarpone und den Zitronen- oder Orangensaft mit dem Schalenabrieb. So lange rühren, bis ein glatter, warmer Sirup entsteht, der keinesfalls kochen darf.

In einer Schüssel die Semmelbrösel, den geriebenen Apfel und den Ingwer vermischen. Den warmen Sirup darübergießen und mit einem Kunststoffspatel gut unterheben, bis die trockenen Zutaten vollständig vom Sirup überzogen sind. Die fertige Kuchenfüllung über Nacht zugedeckt ruhen lassen, damit die Semmelbrösel den Sirup aufnehmen können.

Für den Teig Butter und Zucker vermischen und dann die Hälfte des Mehls unterrühren. Eier und Milch unterrühren und schließlich das restliche Mehl untermischen, bis ein Teig entsteht. Den Teig in Küchenfolie gewickelt 1 Stunde vor der weiteren Verwendung im Kühlschrank ruhen lassen.

Die Hälfte des Teigs ausrollen und damit eine 25 cm große, runde Tarteform mit herausnehmbarem Boden auslegen. Den Teig mit Backpapier abdecken, Backbohnen darauf verteilen und den Teig im auf 180 °C (Gas Stufe 4) vorgeheizten Backofen 15 Minuten blindbacken. Anschließend Backbohnen und Backpapier entfernen und weitere 5 Minuten backen, bis der Kuchenboden ganz leicht gebräunt ist. Den Kuchenboden abkühlen lassen und anschließend die Füllung hineingießen.

Den restlichen Teig ausrollen und in 1 cm breite Streifen schneiden, um damit den Kuchen gitterförmig zu belegen. Die Enden abschneiden und vorsichtig gegen den Rand des Kuchens drücken. Das Eigelb verquirlen und damit das Gitter bepinseln. Den Kuchen im auf 140 °C (Gas Stufe 1) vorgeheizten Backofen 30 Minuten backen, bis sich die Füllung fest anfühlt. Den Kuchen warm servieren und Clotted Cream oder Schlagsahne dazu reichen.

Tarte Tatin mit Birnen und Crème fraîche mit Vanille

In diesem klassischen französischen Rezept werden die Äpfel durch Birnen ersetzt und der Kuchen mit einer Crème fraîche serviert.

Für 4 Personen

300 g Zucker
100 g Butter
4 reife Birnen (Conference)
400 g Blätterteig (vorzugsweise mit Butter hergestellt)
Mehl zum Bestauben
½ Vanillestange
100 ml Crème fraîche

Einen Schmortopf auf mittlere Temperatur vorheizen und darin 100 g Zucker schmelzen. Den Topf dabei leicht schwenken, bis der Zucker flüssig ist. Weitere 100 g Zucker dazugeben und den Vorgang wiederholen. Danach den restlichen Zucker dazugeben und warten, bis er flüssig ist und sich ein goldbraunes Karamell gebildet hat. Den Topf vom Herd nehmen und die Butter unterrühren. Die Karamellmischung in vier kleine, beschichtete Tartelette-Förmchen gießen, bis sie zu einem Drittel gefüllt sind. Das Karamell ein wenig abkühlen lassen.

Die Birnen schälen, die Kerngehäuse entfernen und das Fruchtfleisch in Scheiben schneiden. Die Birnenscheiben auf dem Karamell verteilen. Den Blätterteig auf einer leicht mit Mehl bestaubten Arbeitsfläche ausrollen und vier Kreise ausschneiden, deren Durchmesser etwa 1 cm größer ist als die Tartelette-Förmchen. Den Teig jeweils auf die Birnen legen und den Teigrand dabei nach unten einschlagen und festdrücken. Die kleinen Tartes im auf 180 °C (Gas Stufe 4) vorgeheizten Backofen 30 Minuten goldbraun backen.

Parallel die Vanilleschote aufschneiden und das Mark über der Crème fraîche herauskratzen und untermischen.

Die Tartes nach dem Backen 5 Minuten ruhen lassen und dann mit einem scharfen Messer innen um den Rand fahren. Die kleinen Tartes auf individuelle Teller stürzen, jeweils einen Löffel Vanille-Crème-Fraîche daraufgeben und sofort servieren.

Ewans echte Karamellbonbons

Diese weichen Karamellbonbons beziehungsweise das Schottische Fudge sind einfach der Hammer. Das Karamell muss eine gute halbe Stunde gerührt werden und man sollte unbedingt eine Schüssel Eiswasser zur Hand haben, aber die Mühe lohnt sich.

Ergibt etwa 60 Karamellbonbons

80 g gesalzene Butter
240 ml Vollmilch
1 Dose (397 g) Kondensmilch
900 g Streuzucker

Vor der Zubereitung ein mittelgroßes, tiefes Backblech mit Backpapier auskleiden und das Spülbecken mit eiskaltem Wasser so hoch füllen, dass nach dem Kochen der Topf hineinpasst, ohne dass Wasser hineinläuft.

Butter und Milch in einem großen Schmortopf bei niedriger Temperatur erwärmen, bis die Butter geschmolzen ist. Die Kondensmilch unterrühren, bis die Mischung glatt ist. Den Zucker anschließend so lange mit einem Holzlöffel unterrühren, bis er sich vollständig aufgelöst hat. Die Mischung bei niedriger Temperatur insgesamt 30 Minuten mit dem Holzlöffel rühren und darauf achten, dass sie nicht kocht oder am Topfboden anbrennt. Während des Rührens sollte sich die Cremefarbe langsam in einen goldeneren Farbton verwandeln.

Nach 30 Minuten die Temperatur hochschalten und weitere 10 Minuten rühren, bis die Farbe dunkler wird, die Masse anfängt sich vom Topfrand zu lösen und nach Zucker und Karamell duftet. (Das Karamell auf keinen Fall berühren, denn es ist gefährlich heiß.) Den Topf vom Herd nehmen und sofort ins Eiswasser stellen. Dabei energisch weiterrühren. Sobald die Masse zähflüssiger wird, sollte sie auf das vorbereitete Backblech gegossen werden. Das Karamell abkühlen lassen, in Stücke schneiden und luftdicht verschlossen aufbewahren.

Paris-Brest

Die Zubereitung nimmt den ganzen Nachmittag in Anspruch. Im Grunde handelt es sich um große, mit einer Haselnusscreme gefüllte Profiteroles, die 1910 zur Feier des Pariser Radrennens erfunden wurden und daher die Form eines Rades haben. Ihr Kalorienreichtum liefert die nötige Energie für das Radfahren. Haselnusspaste ist in Feinkostläden erhältlich, lässt sich aber auch durch Nutella ersetzen, auch wenn diese weniger nussig schmeckt.

Ergibt 6 Stück

Für den Brandteig
70 g Weizenmehl
50 ml Vollmilch
50 ml Wasser
50 g Butter, gewürfelt
2 mittelgroße Eier, leicht verquirlt
40 g Mandelblättchen, leicht geröstet
Puderzucker zum Bestauben

Für die Haselnusscreme
1 Vanillestange
250 ml Vollmilch
85 g Zucker
4 große Eigelb
30 g Maisstärke
30 g Butter
120 g Haselnusspaste

Für den Brandteig das Mehl auf ein kleines Stück Backpapier sieben. Milch und Wasser in einem Stieltopf auf mittlere Temperatur erhitzen und den Topf vom Herd nehmen, sobald die Butter geschmolzen ist und die Mischung aufkocht. Sofort das Mehl mit einem Holzlöffel unterrühren. Den Topf zurück auf den Herd stellen und 2 Minuten weiterrühren. Die Mischung 5–10 Minuten abkühlen lassen, bis sie nur noch lauwarm ist. Mit einem elektrischen Handrührgerät nach und nach die Eimasse unterrühren, bis die Mischung dickflüssig und glänzend ist. Sie sollte vom Löffel fallen, sobald man diesen ein wenig schüttelt. Den fertigen Brandteig in einen Spritzbeutel mit einer 1 cm großen Tülle füllen.

Ein Backblech mit Backpapier belegen und darauf sechs Ringe mit einem Durchmesser von 6 cm spritzen und darauf jeweils einen weiteren Ring spritzen. Mit den Mandelblättchen bestreut 25–30 Minuten im auf 200 °C (Gas Stufe 6) vorgeheizten Backofen backen, bis sie gut aufgegangen und goldbraun sind. Sie sollten hohl klingen, wenn man gegen ihre Unterseite klopft. Die fertigen Profiteroles aus dem Backofen nehmen, in den Boden jeweils ein paar kleine Löcher bohren, damit der Dampf entweichen kann, und danach auf einem Kuchenrost abkühlen lassen.

Für die Konditorcreme die Vanilleschote längs aufschneiden und das Mark herauskratzen. Die Milch mit der Vanilleschote und dem Mark aufkochen. Den Topf anschließend vom Herd nehmen und beiseitestellen. Zucker, Eigelb und Maisstärke in einer großen Schüssel schaumig schlagen. Unter gleichmäßigem Rühren mit dem Schneebesen nach und nach die heiße Milch dazugießen. Die Mischung durch ein feines Sieb zurück in den Topf gießen und bei niedriger bis mittlerer Temperatur erhitzen. Dabei unablässig rühren, bis die Creme eindickt. Anfangs wird sie vielleicht etwas klumpig, doch mit konstantem Rühren wird sie nach und nach glatt. Die Temperatur reduzieren und die Creme 2 Minuten sanft garen. Danach den Topf vom Herd nehmen, die Butter und die Haselnusspaste unterrühren und die Creme zum Abkühlen in eine

Schüssel umfüllen und die Oberfläche der Creme mit Küchenfolie abdecken. Die kalte Creme erneut kurz aufschlagen, um Klümpchen zu vermeiden, und dann in einen Spritzbeutel mit Sterntülle füllen.

Zum Schluss die Brandteigringe horizontal mit einem scharfen, gezackten Messer durchschneiden. Die unteren Hälften mit der Haselnusscreme füllen und die oberen Hälften daraufsetzen. Mit Puderzucker bestaubt servieren.

Elvas Plums
(Eingelegte Pflaumen aus Portugal)

Diese köstlichen gezuckerten Pflaumen könnten einem Märchen entsprungen sein als Herrscherin im Zuckerland in Tschaikovskis Der Nussknacker oder als Essenz der vergangenen und der gegenwärtigen Weihnacht in Dickens' Weihnachtsgeschichte. Tatsächlich waren sie so beliebt, dass Fortnum & Mason jedes Jahr im Oktober in der *The Times* eine zweizeilige Anzeige schaltete, um das Eintreffen der neuen Pflaumen aus Portugal zu verkünden. Dabei handelt es sich genau genommen gar nicht um Pflaumen, sondern vielmehr um Renekloden aus der südportugiesischen Region des Alentejo in der Nähe der Stadt Elvas. Ihre Popularität verdanken sie den mächtigen britischen Portwein-Winzern in dieser Gegend, die im 19. Jahrhundert diese Delikatesse (die ursprünglich von Nonnen für den portugiesischen Adel gefertigt wurde) mit nach Hause brachten, wo sie neben klebrigen Datteln schnell zum Lieblingsnaschwerk in der Weihnachtszeit avancierten. Obschon ansonsten eher nicht für seinen feinen Geschmack bekannt, lernte der Duke of Wellington die Elvas Plums zu schätzen, als er ein britisches Heerlager anführte, das in der Nähe von Elvas stationiert war. Und auch wenn die Industrialisierung selbst vor Lebensmitteln nicht haltmachte, ist das Einlegen in Zucker noch der gleiche Prozess wie vor 200 Jahren. Die im Juni von Hand verlesenen Renekloden werden nach dem Blanchieren für zwei Monate in gewaltigen Mengen Rohrzuckersirup eingelegt. Danach werden sie gewaschen, in der Sonne getrocknet und eng nebeneinander in hübschen Spanschachteln verpackt. Diese süßen und saftigen Leckerbissen feuern ihre Fans geradezu an, denn es gibt Dutzende Kunden, die stets kurz vor Weihnachten zu ihrem jährlichen Besuch bei Fortnum & Mason vorbeischauen, nur um ihren Vorrat aufzustocken. Dabei könnte man sie dort das ganze Jahr über erstehen, auch wenn sie für viele eng mit Weihnachten verbunden sind. Elvas Plums passen wunderbar zu Portwein, aber auch zu Cognac oder Armagnac und natürlich zu Käse – egal ob herzhaftem Hartkäse aus Kuhmilch oder weichem Ziegenkäse. Kurz gesagt schmecken Elvas Plums einfach so unvergleichlich köstlich, dass man sie nicht nur zur Weihnachtszeit genießen sollte.

F M
take pleasure
in presenting the
good things of life
for Christmas 1956

Das Abendessen

»Die ganze Welt ist eine Tafel und all die Gerichte von Fortnum & Mason.«

F&M

Supper – Das Abendessen

Heutzutage ist das Abendessen eher eine Mahlzeit ohne Pomp, ein unprätentiöses, sättigendes Essen im T-Shirt und Jeans statt im maßgeschneiderten dreiteiligen Anzug. Historisch war es jedoch eine späte warme Mahlzeit und tatsächlich häufig eine »Suppe« vor einer langen, alkoholgeschwängerten Nacht. Aus meiner Sicht das Äquivalent eines modernen Mitternachtssnacks.

Während das Dinner-Kapitel eher formelle, seriöse Gerichte vorstellt, dreht sich hier alles um einfache, leichte Gerichte. Meiner Meinung nach eignen sich die folgenden Rezepte genauso gut für jemanden, der schnell etwas vor dem Fernseher essen möchte, wie für ein gemütliches Abendessen mit Freunden am Küchentisch. Okay, die Drumkilbo-Eier und die gerösteten Markknochen eignen sich vielleicht nicht ganz so als Mitternachtssnack, dafür lässt sich mit ihnen wunderbar in den Abend starten.

F
M

Scotch Eggs – Schottische Eier

Der Unterschied zwischen anständig hausgemachten Schottischen Eiern und denen, die man in England fertig frittiert in den Kühlregalen der meisten Supermärkte kaufen kann, ist auch ohne eine Geschmacksprobe sehr offensichtlich. Erstere bestehen aus einem wachsweichen Ei, umhüllt von pfeffrigem Schweinefleisch und einer zart gebräunten Panade, die eher einem dünnen Umhang denn einer schusssicheren Weste gleicht. Die einzelnen Aromen treten deutlich hervor, ohne aufdringlich zu sein, die Panade ist knusprig, das Ei zergeht auf der Zunge und das Schweinefleisch hat Biss. Warm mit etwas Piccalilli serviert sind sie ein Genuss und vereinen die besten Zutaten vom Bauernhof, während industriell hergestellte Schottische Eier alle gleich langweilig schmecken und ganz sicher nicht glücklich machen.

Dennoch werden sie in England millionenfach verkauft. Warum? Wegen der üblichen unsinnigen Ausrede, die mit Schlagwörtern wie Bequemlichkeit, Zeitersparnis und Kosten daherkommt. Dabei lassen sich Schottische Eier ganz einfach selbst zubereiten und sind, selbst wenn man ausschließlich hochwertige Zutaten wählt, nicht einmal teuer. Weich gekochte Eier, umhüllt von Wurstbrät, mit Semmelbröseln paniert, frittiert, und fertig. Okay, der Umgang mit heißem Öl ist vielleicht nicht jedermanns Sache. Aber im Gegensatz zur Zubereitung von Pommes frites sind Schottische Eier ein Kinderspiel.

Vermutlich wurden sie von Fortnum & Mason 1738 oder 1788 erfunden, zumindest nach den Worten des Theaterkritikers W. McQueen Pope, der in *Goodbye Piccadilly* behauptete, dass er entsprechende Dokumente im Archiv des Warenhauses gefunden hätte. Dokumente, die jedoch vor langer Zeit von den Bomben der Luftwaffe vernichtet wurden. Dennoch bilden die Schottischen Eier und Fortnum & Mason seit jeher eine feste Einheit, wobei 2015 noch das Chotch-Ei, eine segensreiche Allianz zwischen einem Schottischen und einem Osterei, hinzukam. Das weich gekochte Ei wird dafür mit einer Mischung aus Wildbret und dunkler Schokolade umhüllt, mit Semmelbröseln paniert und frittiert.

Was den Namen betrifft, so scheint die Verbindung mit Schottland eher fraglich, zumal die Eier weder schottisch aussehen noch ausschließlich aus schottischen Zutaten zubereitet werden. Manche behaupten, es läge an der weiteren Bedeutung von »Scotch« im Sinne von »schneiden, ritzen oder einkerben«, aber das alles klingt ziemlich dünn, genau wie das Argument, der Name sei ein englischer Witz über ihre »uralten, angeblich knauserigen Feinde«. Dabei wird hier nicht wie beim Scotch Woodcock teures Wildfleisch durch eine einfache Anchovispaste ersetzt, sondern vielmehr wird ein bescheidenes Ei und etwas Wurstbrät entschieden aufgewertet. Aber genug der Etymologie und zurück zum ursprünglichen Thema. Verwenden Sie hochwertiges Wurstbrät von Bioschweinen, denn das hat deutlich mehr Geschmack, und würzen Sie es vor dem Frittieren großzügig. Wer will, kann etwas Blutwurst oder Chili unter das Schweinefleisch mischen und die selbst gemachten Schottischen Eier werden der Star fröhlicher Mahlzeiten werden.

Schottische Eier mit einer Mangochutney-Mayonnaise und Piccalilli

Ein wunderbares Gericht von Fortnum & Mason, wobei die Qualität der Zutaten eine entscheidende Rolle spielt. Wurstbrät ist recht günstig, daher sollten Sie Biowurstbrät beim Metzger Ihrer Wahl kaufen. Gutes Fleisch kommt von glücklichen Schweinen und schließlich möchten Sie ja in diesen Aromen schwelgen. Und achten Sie darauf, die Eier lediglich weich zu kochen, damit sie am Ende immer noch wachsweich sind.

Ergibt 8 Schottische Eier

650 g hochwertiges Wurstbrät
½ TL Piment
½ TL gemahlener weißer Pfeffer
½ TL feines Salz
2 TL getrockneter Oregano
1 TL getrockneter Salbei
1 Knoblauchzehe, mit 1 Prise Salz zu einer Paste zerdrückt
1 kleine Schalotte, sehr fein gehackt
10 mittelgroße Eier
100 g Weizenmehl
100 g Semmelbrösel (vorzugsweise japanisches Panko-Paniermehl)
Pflanzenöl zum Frittieren
50 g Mikrokresse

Für die Piccalilli
1 l Wasser
125 g Zucker
250 ml Weißweinessig
ein paar Safranfäden
¼ TL Currypulver
1 EL Kurkuma
1 Lorbeerblatt
½ Blumenkohl, in kleine Röschen geteilt
1 Zucchini, gewürfelt
2 Möhren, in dünne Scheiben geschnitten
1 gelbe Möhre, in dünne Scheiben geschnitten
3 EL Pfeilwurzelmehl

Für die Mangochutney-Mayonnaise
¾ TL Kurkuma
¾ TL Currypulver
200 g Mayonnaise
50 g Mangochutney
Salz und frisch gemahlener weißer Pfeffer

Für die Piccalilli Wasser, Zucker, Essig, Safran, Currypulver, Kurkuma und Lorbeerblatt in einem Topf aufkochen und rühren, bis sich der Zucker aufgelöst hat. Das Gemüse hineingeben und so lange köcheln lassen, bis es anfängt weich zu werden. Danach das Gemüse mit einem Schaumlöffel herausheben.

Das Pfeilwurzelmehl mit etwas Wasser zu einer Paste anrühren und die Paste unter die Kochflüssigkeit mischen, 1–2 Minuten köcheln lassen, bis die Flüssigkeit eindickt. Anschließend den Topf zum Abkühlen vom Herd nehmen und das Gemüse wieder dazugeben.

Für die Mayonnaise Kurkuma und Currypulver mit etwas Wasser zu einer dünnen Paste anrühren und danach auf niedriger Temperatur ein paar Minuten erwärmen, bis der Geschmack der Gewürze etwas milder wird. Die Mayonnaise mit dem Mangochutney aufschlagen und dabei nach und nach die Gewürzmischung dazugießen und immer wieder abschmecken. Zum Schluss mit Salz und Pfeffer abschmecken und beiseitestellen.

Das Wurstbrät in einer Schüssel mit den Gewürzen, getrockneten Kräutern, dem Knoblauch und der Schalotte vermischen und dann zum Abschmecken 1 TL davon in der Pfanne gar braten und probieren, um die Mischung eventuell nachzuwürzen.

Acht Eier in einem großen, mit sanft köchelndem Wasser gefüllten Topf 6 Minuten weich kochen. Danach die Eier abtropfen lassen und unter fließend kaltem Wasser abschrecken, bis sie vollständig abgekühlt sind. Die Eier anschließend pellen.

Fortnum & Mason
182
Piccadilly.

Die Fleischmischung in acht gleich große Portionen à circa 80 g aufteilen. Die einzelnen Portionen jeweils zwischen zwei Lagen Küchenfolie ausrollen, bis sie groß genug sind, um darin ein Ei einzuwickeln. Die Eier mit ein wenig Mehl bestauben und gleichmäßig in das Wurstbrät einwickeln, dabei allerdings nur die innere Küchenfolie entfernen. Darauf achten, dass die Eier vollständig vom Wurstbrät ummantelt sind. Die Enden der Küchenfolie so zusammendrehen, dass die ummantelten Eier eng in die Folie eingewickelt sind.

Die restlichen Eier in einer tiefen Schale gut verquirlen. Das restliche Mehl und die Semmelbrösel jeweils in eine eigene Schale geben. Die Eier nacheinander aus der Folie wickeln und zunächst im Mehl, dann in den verquirlten Eiern und schließlich in den Semmelbröseln wälzen. Die Semmelbrösel zusätzlich mit den Händen festdrücken.

Das Öl in einer Fritteuse oder in einem hohen Topf (den Topf nur bis zu einem Drittel mit Öl füllen, da es leicht überkocht) auf 170 °C erhitzen und die Eier portionsweise (sie sollten frei im Öl schwimmen können) 7–8 Minuten goldbraun frittieren. Die fertigen Eier auf Küchenkrepp abtropfen lassen. (Sollten die Eier schon braun werden, bevor das Wurstbrät durch ist, kann man die Eier nach dem Frittieren für 3–4 Minuten bei mittlerer Temperatur im Backofen fertig garen.) Die Schottischen Eier mit etwas Kresse bestreut warm servieren und die Mangochutney-Mayonnaise und die Piccalilli dazu reichen.

F
M

Schottische Eier mit Hähnchenfleisch und Thymian

Eine Variation der Schottischen Eier mit klein gehacktem Hähnchenfleisch anstelle des Wurstbräts.

Ergibt 6 Schottische Eier

3 EL Olivenöl
1 große Zwiebel, fein gehackt
2 Knoblauchzehen, mit 1 Prise Salz zu einer Paste zerdrückt
1 TL fein gehackte Thymianblättchen
400 g Hähnchenhackfleisch
7 mittelgroße Eier
75 g Weizenmehl
75 g Semmelbrösel (vorzugsweise japanisches Panko-Paniermehl)
Pflanzenöl zum Frittieren
Salz und frisch gemahlener schwarzer Pfeffer

Das Olivenöl in einem kleinen Topf erhitzen und die Zwiebel darin 5 Minuten garen. Knoblauch und Thymian dazugeben, den Topf zudecken und alles 20 Minuten garen, bis die Zwiebel weich und glasig ist. Den Topf vom Herd nehmen und die Zwiebelmischung abkühlen lassen.

In einer Schüssel das Hackfleisch mit der Zwiebelmischung vermengen und mit Salz und Pfeffer würzen. Zum Abschmecken 1 TL davon in der Pfanne gar braten und probieren. Anschließend eventuell nachwürzen.

Sechs Eier in einem großen, mit sanft köchelndem Wasser gefüllten Topf 6 Minuten weich kochen. Danach die Eier abtropfen lassen und unter fließend kaltem Wasser abschrecken, bis sie vollständig abgekühlt sind. Die Eier anschließend pellen.

Die Fleischmischung in sechs gleich große Portionen aufteilen. Die einzelnen Portionen jeweils zwischen zwei Lagen Küchenfolie ausrollen, bis sie groß genug sind, um darin ein Ei einzuwickeln. Die Eier mit ein wenig Mehl bestauben und gleichmäßig in die Hähnchenfleischmischung einwickeln, dabei lediglich die äußere Küchenfolie entfernen. Darauf achten, dass die Eier vollständig vom Fleisch ummantelt sind. Die Enden der Küchenfolie so zusammendrehen, dass die ummantelten Eier eng in die Folie eingewickelt sind.

Die restlichen Eier in einer tiefen Schale gut verquirlen. Das restliche Mehl und die Semmelbrösel jeweils in eine eigene Schale geben. Die Eier nacheinander aus der Folie wickeln und zunächst im Mehl, dann in den verquirlten Eiern und schließlich in den Semmelbröseln wälzen. Die Semmelbrösel zusätzlich mit den Händen festdrücken und die Eier etwa 1 Stunde kalt stellen, bis die Panade fest wird.

Das Öl in einer Fritteuse oder in einem hohen Topf (den Topf nur bis zu einem Drittel mit Öl füllen, da es leicht überkocht) auf 170 °C erhitzen und die Eier portionsweise (sie sollten frei im Öl schwimmen können) 7–8 Minuten goldbraun frittieren. Die fertigen Eier auf Küchenkrepp abtropfen lassen. Die Eier warm servieren und eine Kräutermayonnaise dazu reichen.

Schottische Eier mit Ochsenschwanz

Eine weitere Variation, für die langsam geschmorter Ochsenschwanz mit Wurstbrät vom Schwein kombiniert wird.

Ergibt 6 Schottische Eier

150 g Blutwurst ohne Pelle, in kleine Stücke gebrochen
100 g Wurstbrät
2 EL klein gehackte glatte Petersilie
7 mittelgroße Eier
75 Weizenmehl
75 g Semmelbrösel (vorzugsweise japanisches Panko-Paniermehl)
Pflanzenöl zum Frittieren
Salz und frisch gemahlener schwarzer Pfeffer

Für den Ochsenschwanz
1 kg Ochsenschwanz
1 Möhre, grob gehackt
1 Zwiebel, grob gehackt
1 Stange Staudensellerie, grob gehackt
1 Lorbeerblatt

Den Ochsenschwanz mit dem Gemüse und dem Lorbeerblatt in einen Schmortopf geben, großzügig mit Wasser bedecken und aufkochen. Den Topf zugedeckt in den auf 150 °C (Gas Stufe 2) vorgeheizten Backofen stellen und den Ochsenschwanz darin 2–3 Stunden weich schmoren, bis sich das Fleisch mit der Gabel leicht vom Knochen lösen lässt. Das Fleisch abkühlen lassen, vom Knochen lösen und 340 g für das Rezept abwiegen.

In einer Schüssel das Ochsenschwanzfleisch mit der Blutwurst, dem Wurstbrät, der Petersilie und etwas Salz und Pfeffer gründlich vermischen. Zum Abschmecken 1 TL davon in der Pfanne gar braten und probieren. Anschließend eventuell nachwürzen.

Sechs Eier in einem großen, mit sanft köchelndem Wasser gefüllten Topf 6 Minuten weich kochen. Die Eier abtropfen lassen und unter fließend kaltem Wasser abschrecken, bis sie vollständig abgekühlt sind. Die Eier anschließend pellen.

Die Fleischmischung in sechs gleich große Portionen aufteilen. Die einzelnen Portionen jeweils zwischen zwei Lagen Küchenfolie ausrollen, bis sie groß genug sind, um darin ein Ei einzuwickeln. Die Eier mit ein wenig Mehl bestauben und gleichmäßig in die Ochsenschwanzfleischmischung einwickeln, dabei lediglich die äußere Küchenfolie entfernen. Darauf achten, dass die Eier vollständig vom Fleisch ummantelt sind. Die Enden der Küchenfolie so zusammendrehen, dass die ummantelten Eier eng in die Folie eingewickelt sind und dadurch ihre Form halten.

Das restliche Ei in einer tiefen Schale gut verquirlen. Das restliche Mehl und die Semmelbrösel jeweils in eine eigene Schale geben. Die Eier nacheinander aus der Folie wickeln und zunächst im Mehl, dann in den verquirlten Eiern und zum Schluss in den Semmelbröseln wälzen. Die Semmelbrösel zusätzlich mit den Händen festdrücken.

Das Öl in einer Fritteuse oder in einem hohen Topf (den Topf nur bis zu einem Drittel mit Öl füllen, da es leicht überkocht) auf 170 °C erhitzen und die Eier portionsweise (sie sollten frei im Öl schwimmen können) 7–8 Minuten goldbraun frittieren. Die fertigen Eier auf Küchenkrepp abtropfen lassen. Die Eier warm servieren.

Hummeromelette Victoria mit Hummersauce

Hummer, Hummeröl und Hummersauce. Ein Gericht so großartig, mächtig und bombastisch wie die gleichnamige Königin. Die Aromen sind hier wieder so kräftig, dass man nicht unbedingt einheimischen Hummer verwenden muss, zumal wir hier zwei bis drei vorgegarte Hummer benötigen. Gutes Hummeröl ist im Feinkosthandel erhältlich.

Für 4 Personen

40 g Butter
400 g vorgegartes Hummerfleisch, klein gehackt
8 Eier, leicht verquirlt
Salz und frisch gemahlener schwarzer Pfeffer

Für die Béchamelsauce
10 g Butter
10 g Weizenmehl
50 ml Milch
20 ml süße Sahne
10 ml Hummercremesuppe (siehe Seite 38)
1 großes Eigelb

Zum Garnieren (optional)
2 TL Hummeröl

Für die Sauce die Butter in einem kleinen Topf zerlassen und das Mehl einrühren. Unter konstantem Rühren mit dem Schneebesen nach und nach die Milch und die Sahne untermischen. Zum Schluss die Hummercremesuppe unterrühren und die Sauce bei niedriger Temperatur 5 Minuten köcheln lassen. Gründlich würzen, den Topf vom Herd nehmen, die Sauce etwas abkühlen lassen und dann das Eigelb unterrühren.

In einem Stieltopf die Butter zerlassen und das Hummerfleisch darin 1–2 Minuten erwärmen. Die Eier dazugießen, mit Salz und Pfeffer würzen und so lange rühren und erhitzen, bis die Eimasse gerade beginnt zu stocken.

Das Rührei auf vier kleine Gratinförmchen aufteilen und die Sauce darübergießen. Die Förmchen kurz unter den heißen Backofengrill stellen, bis die Sauce leicht bräunt, und das fertige Omelette anschließend mit etwas Hummeröl beträufelt sofort servieren.

Fortnum & Mason Steak-Sandwich

Ein Steak-Sandwich nach Art des Hauses. Hier wird das Sandwich noch wie früher gepresst, damit die Bratensäfte und der Senf ins Brot einziehen. Dafür bedarf es blutig gebratener Minuten-Steaks und eines ordentlichen Weißbrotes. Bei Fortnum & Mason verwendet man dafür Fleisch vom Glenarm-Rind, das in einer Himalajasalzkammer gereift wird. Klingt vielleicht etwas merkwürdig, aber der Geschmack ist großartig. Die englische Senfbutter sorgt für den richtigen Kick. Aber das Wichtigste ist, dass das Sandwich nach dem Belegen zusammengepresst wird.

Für 4 Personen

2 kleine Salatherzen, in dünne Streifen geschnitten
6 EL hochwertige Mayonnaise
3 EL klein gehackter Estragon
etwas Olivenöl
4 × 120-g-Minuten-Steaks, aus der Lende geschnitten
12 Scheiben Weißbrot, in einer Kastenform gebacken
8 TL Sahnemeerrettich
4 Eiertomaten, in Scheiben geschnitten
4 große saure Gurken, längs in Scheiben geschnitten
Salz und frisch gemahlener schwarzer Pfeffer

Für die Senfbutter
75 g weiche Butter
2 TL englischer Senf
ein paar Tropfen Worcestershiresauce

Die Zutaten für die Senfbutter zusammen aufschlagen und dann beiseitestellen. Den Salat mit der Mayonnaise, dem Estragon und etwas Salz und Pfeffer anmachen.

Die Steaks mit etwas Olivenöl einreiben und gut würzen. Die Steaks in einer vorgeheizten Grill- oder in einer gusseisernen Pfanne 1–2 Minuten von jeder Seite – beziehungsweise nach Ihrem Geschmack – scharf anbraten und anschließend an einem warmen Ort 5 Minuten ruhen lassen. In dieser Zeit das Brot toasten.

Für jedes Sandwich zwei Scheiben Toast mit etwas Senfbutter bestreichen. Das Steak in Streifen schneiden und auf einer der Toastscheiben verteilen. 2 TL Sahnemeerrettich und etwas Salat darübergeben und mit der zweiten gebutterten Toastscheibe abdecken, um darauf ein paar Tomaten- und Gurkenscheiben und noch etwas Salat zu verteilen. Mit einer dritten Toastscheibe abdecken und das ganze Sandwich für 10 Sekunden mit einem Gewicht beschweren, um es zusammenzupressen. Dem Sandwich nahe den Ecken mit vier Zahnstochern Halt geben und es mit einem scharfen Messer in Viertel schneiden.

Drumkilbo-Eier

Ein Rezept, das angeblich aus kulinarischer Not heraus geboren wurde, als spätabends noch Gäste auf einem großen schottischen Anwesen eintrafen und keine Speisen übrig waren. Der Koch wurde aufgeweckt und musste etwas aus dem zaubern, was er in der Tiefkühltruhe fand, und das waren damals natürlich Hummer und Garnelen. Die Königinmutter liebte dieses edle Gericht, das man am besten in Martinigläsern servieren sollte.

Für 4 Personen

300 g vorgegarte und geschälte Kaisergranatschwänze, grob gewürfelt
600 g vorgegartes Hummerfleisch, grob gewürfelt
2 Eiertomaten, geschält, entkernt und fein gewürfelt
4 hart gekochte Eier, gepellt und gewürfelt
2 Portionen Marie-Rose-Sauce (siehe Seite 90)
1 EL Olivenöl
30 g Erbsensprossen
Salz und frisch gemahlener schwarzer Pfeffer
Graubrot und Butter zum Servieren

Das Fleisch der Kaisergranate mit der Hälfte des Hummerfleischs, den gewürfelten Tomaten und den Eiern vermengen und behutsam die Marie-Rose-Sauce unterheben. Die Mischung auf vier Gläser oder Glasschalen aufteilen.

Das restliche Hummerfleisch in einer Schüssel mit den Erbsensprossen, etwas Olivenöl, Salz und Pfeffer anmachen und dann auf die erste Schicht in die Gläser füllen. Dazu Graubrot und Butter reichen.

Geröstete Markknochen mit Petersiliensalz, Parmesan und Schalottensauce

Ein traditionelles Gericht aus dem heute zu Unrecht in Vergessenheit geratenen Markknochen. Am einfachsten ist es, wenn Sie die gewünschten, vorzugsweise etwa 5 cm großen Knochen bei Ihrem Metzger vorbestellen. Mit einem speziellen Knochenlöffel lässt sich das weiche Mark besonders gut aus dem Knochen herauslösen, aber natürlich kann man sich auch mit einem Messer oder einem Teelöffel behelfen.

Für 4 Personen

100 g grobes Meersalz
20 g glatte Petersilienblätter
60 g gesalzene Butter
4 Schalotten, fein gewürfelt
200 ml hochwertige Hühnerbrühe
12 Markknochen vom Kalb, etwa 5 cm dick
4 Scheiben Sauerteigbrot, getoastet
50 g frisch geriebener Parmesankäse

Salz und Petersilie in der Küchenmaschine mahlen, bis das Salz richtig grün ist. Das fertige Salz in einer Schale beiseitestellen (überschüssiges Petersiliensalz anschließend im Vorratsschrank aufbewahren, denn es eignet sich zum Würzen vieler Gerichte).

In einem kleinen Topf die Butter bei mittlerer Temperatur zerlassen und die Schalotten darin weich und glasig garen. Die Hühnerbrühe dazugießen und etwa 5 Minuten köcheln lassen, bis sie etwas reduziert ist und ein wenig glänzt.

Die Markknochen auf ein mit Backpapier belegtes Backblech legen und im auf 180 °C (Gas Stufe 4) vorgeheizten Backofen 12–20 Minuten (je nach Dicke der Knochen) rösten. Um die Garzeit zu überprüfen, das Mark mit einem Messer einstechen. Die Klinge sollte mühelos ins Mark gleiten und sich nach dem Herausziehen warm anfühlen.

Die fertig gerösteten Markknochen auf vier vorgewärmte Teller aufteilen und dazu das Brot und das Petersiliensalz, den Parmesan und die Schalottensauce in kleinen Schalen reichen. Das Mark auf das Brot streichen, mit Petersiliensalz und Parmesan bestreuen und etwas Sauce darübergeben. Eine wahrhaft göttliche Mischung.

Teuflische Lammnierchen

Hier sprechen wir von einem echten Frühstück oder Abendessen mit einer gehörigen Portion Schärfe, denn teuflisch bedeutet hier eine höllische Mischung aus Cayennepfeffer, Senf und Worcestershiresauce. Im Viktorianischen und Edwardianischen Zeitalter wurde in den Saint James Clubs quasi alles teuflisch scharf gewürzt – egal ob Markknochen, Eier, Pilze oder andere Gerichte.

Wichtig ist, die Nieren (frische Lammnieren haben ein fantastisches, leicht süßliches Aroma) gut zu säubern und das »Innenleben« zu entfernen. Gebraten sollten die Nieren in der Mitte eben noch rosa sein, werden sie zu lange gebraten, schmecken sie wie Kaugummi. Wem es noch nicht scharf genug ist, verwendet den Cayennepfeffer einfach etwas großzügiger.

Für 4 Personen

8 Lammnieren
Milch zum Einweichen
40 g Butter
1 längliche Schalotte, fein gehackt
1 kleines Bund Thymian
1 TL zerstoßener schwarzer Pfeffer
70 ml Sherryessig
45 ml Weißwein
40 g Demerera-Zucker
¼ TL Cayennepfeffer
ein guter Schuss Worcestershiresauce
120 ml hochwertige Hühnerbrühe
25 g grobkörniger Senf
150 ml süße Sahne
4 große Scheiben Sauerteigbrot, getoastet
Salz und frisch gemahlener schwarzer Pfeffer

Die Nierchen längs halbieren und mit einer scharfen Schere die weißen Fettstränge und Röhren herausschneiden.
Die Nieren mit Milch übergießen und 1 Stunde ruhen lassen. Anschließend gut abtropfen lassen und trockentupfen.

In einer Bratpfanne die Butter zerlassen. Sobald die Butter schäumt, die Nierchen hineingeben und bei mittlerer Temperatur 2–3 Minuten von jeder Seite braten, bis sie hübsch gebräunt sind. Die Nierchen anschließend aus der Pfanne nehmen und beiseitestellen.

Die Schalotte in die Pfanne geben und anschwitzen, bis sie weich ist. Die Thymianzweige und den zerstoßenen Pfeffer unterrühren und dann den Essig, den Weißwein, den Zucker und Cayennepfeffer und die Worcestershiresauce dazugeben. Alles köcheln lassen und um die Hälfte reduzieren, danach die Hühnerbrühe dazugießen und erneut um die Hälfte reduzieren. Sahne und Senf unterrühren, erneut aufkochen und etwas einkochen lassen. Zum Schluss abschmecken und nachwürzen.

Je nach Gusto die Thymianzweige entfernen und die Nierchen in der Sauce erneut 2 Minuten erwärmen, um sie anschließend auf dem getoasteten Sauerteigbrot anzurichten und zu servieren.

Käsefondue

Dieser alpine Klassiker aus den 1970er-Jahren ist leider zu Unrecht etwas außer Mode gekommen. Großer Beliebtheit erfreut er sich jedoch beim jährlichen Londoner Schlittschuhvergnügen SKATE vor dem Sommerset House, wenn er am Stand von Fortnum & Mason »The Lodge« serviert wird. Am besten bereitet man ihn im klassischen Käsefondue-Set zu, das meistens irgendwo im Geschirrschrank verstaubt.

Für 4 Personen

1 Knoblauchzehe, geschält
1 TL Maisstärke
300 ml Muscadet-Weißwein
300 g Beaufort-Käse, grob gerieben
200 g Comté-Käse, grob gerieben
80 g Reblochon-Käse, grob gerieben
50 ml Kirschschnaps
frisch gemahlener schwarzer Pfeffer
in Würfel geschnittenes Baguette oder Sauerteigbrot zum Servieren

Den Fonduetopf (ersatzweise eine Kasserolle) mit der Knoblauchzehe gut ausreiben.

Die Maisstärke mit 1–2 EL Wein zu einer Paste verrühren. Den restlichen Wein im Fonduetopf aufkochen. Die Maisstärke mit einem Schneebesen 1 Minute unter den köchelnden Wein rühren und danach die Temperatur etwas herunterdrehen. Den geriebenen Beaufort und den Comté in den Wein einrühren, bis sie geschmolzen sind. Anschließend den Reblochon ebenfalls unterrühren, bis er geschmolzen ist, und zum Schluss etwas Kirschwasser untermischen.

Das warme Fondue mit etwas frisch gemahlenem schwarzen Pfeffer würzen und den Topf auf ein Rechaud stellen (wer kein Fondue-Set hat, muss den Käse zwischendurch immer mal wieder auf dem Herd erhitzen). Die Brotwürfel auf Fonduegabeln aufspießen und in den zähflüssigen Käse tauchen.

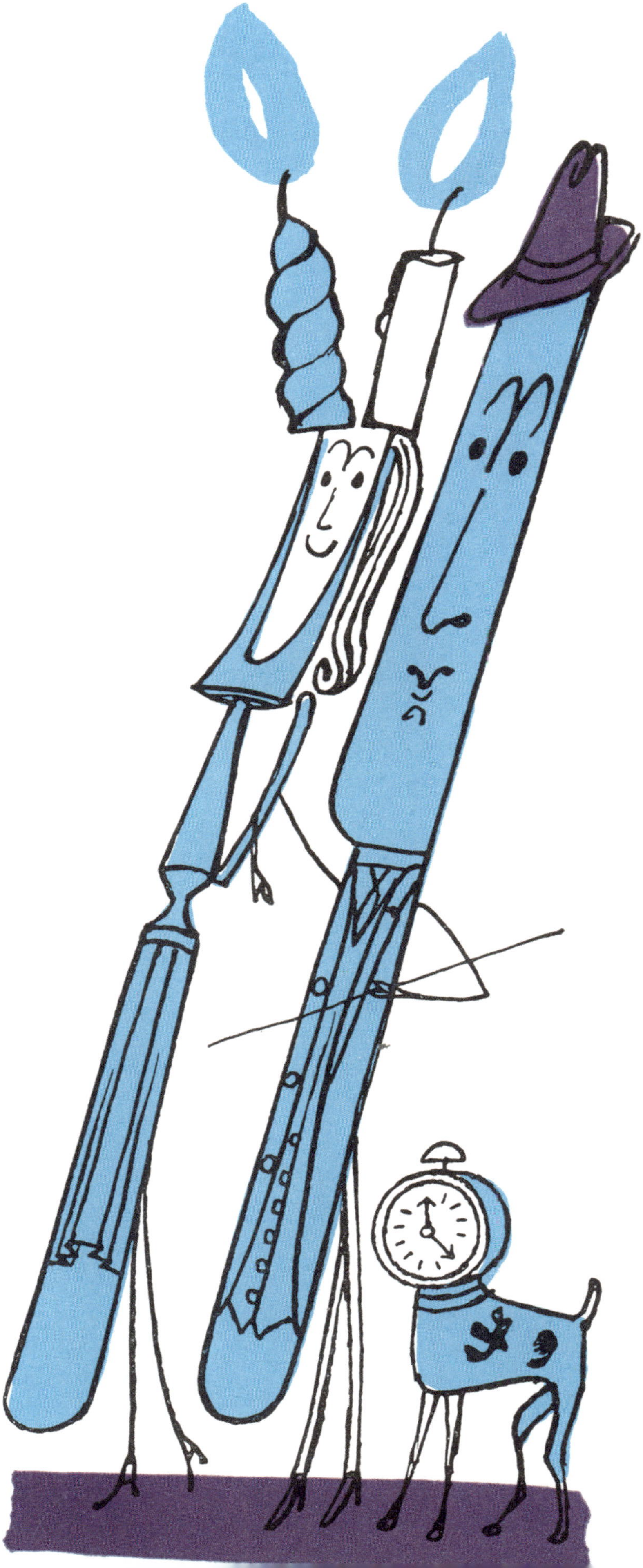

Cocktails

»Wir schäumten über vor Glück. Wir tanzten. Wir sangen. Einige derjenigen, die an der Eroberung teilgenommen hatten, versprachen sich die Treue. Andere verlobten sich nicht, doch alle schienen gleichermaßen entzückt zu sein.«

Martini

Ein absoluter Cocktailklassiker, der traditionell mit Gin zubereitet wird, und Puristen werden behaupten (das tun Puristen immer), dass er AUSSCHLIESSLICH mit Gin zubereitet wird und außerdem trocken sein sollte, so trocken wie eine Sauna in der Wüste. Mit anderen Worten, ein Hauch Vermouth ist eigentlich schon zu viel. Es gibt endlose Abhandlungen darüber, wie trocken dieser Cocktail sein muss. Manche behaupten, man müsse nur mit New York telefonieren und die Flasche Gin dabei ans eine Ende der Leitung und den Vermouth ans andere Ende stellen. Andere sind der Meinung, es genüge, die Sonne durch den Vermouth ins Cocktailglas scheinen zu lassen. Ich schwenke gerne etwas Vermouth im Glas (im kleinen Glas, denn nichts ist fürchterlicher als ein warmer Martini) und kippe den Rest weg.

Die Gläser und den Gin im Tiefkühlschrank aufbewahren, denn ein guter Martini ist eiskalt, etwas zähflüssig und verleiht einen angenehmen Kick.

Classic Dry Martini

65 ml Gin oder Wodka
5 ml Vermouth dry (Fortnum & Mason verwendet Noilly Prat)
Eiswürfel
1 Olive

Gin oder Wodka und Vermouth im vorgekühlten Rührglas auf Eiswürfeln 10–15 Sekunden verrühren, dann in ein vorgekühltes Martiniglas abseihen und mit einer Olive (oder was immer Ihnen gefällt) garnieren.

Martini 45

65 ml Gin, vorzugsweise Hepple Gin
5 ml Vermouth dry (Fortnum & Mason verwendet Noilly Prat)
2,5 ml Palo-Cortado-Sherry
Eiswürfel
1 Streifen Zitronenschale
1 Olive

Gin, Vermouth und Sherry im vorgekühlten Rührglas auf Eiswürfeln 10–15 Sekunden verrühren und dann in ein vorgekühltes Martiniglas abseihen, mit Zitronenschale abspritzen und mit einer Olive (oder der Zitronenschale) garnieren.

Negroni

Ein weiterer Cocktailklassiker, der mich an die italienische Abendstimmung erinnert. Dank der drei verschiedenen Alkoholsorten sollte man diesen Drink jedoch nicht unterschätzen. Wegen seines himmlisch bitteren Aromas eignet er sich sowohl als Aperitif als auch als Digestif, um den Gaumen zu reinigen. Ich verwende immer Campari, aber die Wahl des Gins ist natürlich Ihnen überlassen. In diesem Rezept wird Cocchi Vermouth di Torino als Vermouth verwendet, doch der gute alte Martini rosso eignet sich hier natürlich auch.

---

25 ml Cocchi Vermouth di Torino
25 ml Gin, vorzugsweise East London Dry Gin
25 ml Campari
Eiswürfel
Orangenscheibe

Vermouth, Gin und Campari im vorgekühlten Rührglas auf Eiswürfeln 10–15 Sekunden verrühren und dann in ein Old-fashioned-Glas abseihen. Einen großen Eiswürfel hineingeben und mit einer Orangenschale garnieren.

Sours

Das Geheimnis dieses Drinks verbirgt sich schon im Namen. Richtig geraten: Hier sollen sich beim ersten Schluck die Lippen kräuseln, die Zunge zurückschnellen und das Gehirn einen Moment in freudiger Überraschung einfrieren. Ich persönlich wähle hierfür am liebsten einen Scotch Whisky.

---

50 ml Whisky (oder ein anderer Alkohol Ihrer Wahl)
25 ml Zitronensaft
15 ml Zuckersirup
1 Eiweiß
Eiswürfel
Angostura Bitter
1 Stielkirsche
1 Streifen Zitronenschale

Die ersten vier Zutaten im Shaker 10–15 Sekunden schütteln, damit sie sich verbinden. Ein paar Eiswürfel dazugeben und erneut 10–15 Sekunden kräftig schütteln. In ein vorgekühltes Sour-Glas abseihen, einen Spritzer Angostura Bitter darübergeben und mit der Kirsche und einem Streifen Zitronenschale garnieren.

Old Fashioned

Perfektion ist nicht alles, aber hier kommt neben Martini und Negroni das dritte Rezept für ein großartiges Cocktail-Trio. Dieser elegant-kräftige Cocktail schmeckt am besten zu fortgeschrittener Stunde an einer schlecht beleuchteten Bar.

---

50 ml Bourbon
5 ml Zuckersirup
3 Dashes Angostura Bitter
einige Eiswürfel
1 Streifen Orangenschale
1 Stielkirsche

Whisky, Zuckersirup und Angostura Bitter im vorgekühlten Rührglas auf Eiswürfeln 10–15 Sekunden verrühren und dann in ein Old-fashioned-Glas abseihen. Eiswürfel dazugeben und mit einer Orangenschale und einer Stielkirsche garnieren.

Champagner-Cocktail

Klassisch, oldschool und wundervoll unverfälscht. Ich würde hier keinen richtig guten Vintage-Stoff verwenden, sondern eher auf Mainstream setzen. Die Champagner-Hausmarke von Fortnum & Mason ist exzellent und übertrifft viele der gefeierten Markennamen bei Weitem, da diese oft mehr versprechen, als sie halten können.

1 Würfelzucker
Angostura Bitter
25 ml Cognac
125 ml Champagner
1 Streifen Orangenschale

Im vorgekühlten Champagnerkelch den Zuckerwürfel mit Angostura Bitter tränken, den Cognac darübergießen und mit Champagner auffüllen. Mit Orangenschale garnieren.

Danksagung

Bei nur sehr wenigen Kochbüchern handelt es sich um das Werk einer einzigen Person. Dieses Buch zu schreiben und zu produzieren, wäre geradezu unmöglich gewesen ohne die Zeit, den Rat, das Wissen, den Esprit und die Unterstützung einer ganzen Gruppe von Menschen, die ich hier auflisten möchte.

Es war mir eine Freude, mit Fortnum & Mason (und dem 4th Estate) zusammenzuarbeiten, nicht nur wegen der absoluten Professionalität, sondern auch aufgrund der Leidenschaft und Hingabe, die jeder Einzelne in dieses wundervolle Warenhaus und in die Marke einfließen lässt.

Die Zusammenarbeit war die reinste Freude und zudem habe ich eine Menge gelernt. Auch wenn die Meetings, bei denen Tee mit Teebeuteln in Bechern anstatt loser Tee in Porzellantassen zubereitet wurde, einiger Gewöhnung bedurften. Aber was soll es! So läuft es eben bei Fortnums.

Ohne die unten aufgeführten Menschen gäbe es dieses Buch nicht. Dabei fiel mir die leichteste Arbeit zu, denn ich brauchte nur aus der jahrhundertealten Erfahrung zu schöpfen, während ihr den schwierigen Part übernommen habt. Daher gebührt euch und Fortnum & Mason mein von ganzem Herzen kommender, inniger Dank!

Kate Hobhouse, The Weston Family, Ewan Venters, Zia Zareem-Slade, Sydney Aldridge, Dr. Andrea Tanner, Polly Long, Yvonne Isherwood, Natalia Matusik, Julien Lanclume, Joan Duncan, Jason Kavanagh, Scott Stewart Villacora, Lee Streeton, James Randall, Jonathan Hamilton, Sam Rosen Nash, Clare Henshaw, Ellie Price, David Loftus, Francesca Anderson, Jo Harris, Jess Lea-Wilson, Jane Middleton, Florence Holzapfel, Ed Victor, Sam Wolfson, Gary Simpson, Julian Humphries, Louise Haines, Sarah Thickett, Louise Tucker, Michelle Kane und Matt Clacher.

Bildnachweis

Illustrationen

Die Illustrationen in diesem Buch stammen aus dem Archiv von Fortnum & Mason. Die Abdruckgenehmigung für die Werke von Edward Bawden erteilte freundlicherweise das Estate and Peyton Skipwith.

S. 4: »By appointment«, Edward Bawden, *Christmas Catalogue* (1958).

S. 9: »Woman with fruit hat«, Edward Bawden, *Another Invitation to Indulgence* (1958).

S. 12: »Cat with ingredients«, Edward Bawden, *Christmas Catalogue* (1958).

S. 14–15: »Couple eating breakfast«, Edward Bawden, *Christmas Catalogue* (1956).

S. 21: »Chicken and eggs«, Edward Bawden, *Easter Leaflet* (1956).

S. 29: »Fish and duck«, Edward Bawden, *Invitation to Indulgence* (1958).

S. 34–15: »Lobster in top hat«, W. M. Hendy, *Entertaining Made Easy* (April 1938).

S. 43: »The Presentable Cat«, Edward Bawden, *Christmas Catalogue* (1958).

S. 44–15: »Cat and dog fighting over sausage«, Edward Bawden, *Christmas Catalogue* (1958).

S. 52–13: »Elephant«, Edward Bawden, *Christmas Catalogue* (1955).

S. 55: »The Most Famous Tea Counter in the World«, W. M. Hendy, *Broschüre* (ca. 1932).

S. 62–13: »Ants with biscuits«, Edward Bawden, *Invitation to Indulgence* (1957).

S. 67: »Bees«, Edward Bawden, *Invitation to Indulgence* (1958).

S. 71: »Woman with cat and teapots«, Edward Bawden, *Another Invitation to Indulgence* (1958).

S. 74–15: »Pianist and musicians«, Edward Bawden, *Entertaining à la Carte* (ca. 1959).

S. 77: »Fish on plate with sea/fisherman«, Edward Bawden, *Entertaining à la Carte* (ca. 1959).

S. 97: »Tree full of peacocks and people«, Edward Bawden, *The Delectable History of Fortnum & Mason* (1957).

S. 99: »Fish with top hat«, Stuart Menzies, *Store Cupboard Spring list. Hoorah! It's Coronation Year* (1937).

S. 105: »Couple with picnic«, Edward Bawden, *Good Things to Eat and Other Delicacies for Summer Days* (Juni 1957).

S. 115: »Man pulling turnip«, Edward Bawden, *Invitation to Indulgence* (1958).

S. 116–17: »Neptune and mermaid«, Künstler unbekannt, *Ices catalogue* (Mai 1937).

S. 118: »Mermaid«, W. M. Hendy, *Condiments from Far Cathay catalogue* (April 1931).

S. 132–33: »Teapot and coffee pot couple«, Edward Bawden, *Invitation to Indulgence* (1958).

S. 151: »Woman icing a cake plus cat«, Edward Bawden, *Christmas Catalogue* (1956).

S. 163: »Couple with winged waiters«, R. Taylor, *Entertaining Made Easy* (ca. 1935).

S. 164: »Cat with caviar tin«, Edward Bawden, *Christmas Catalogue* (1958).

S. 173: »Feeding the fish on a lazy Susan«, Edward Bawden, *Everything for Cocktails and Cocktail Parties* (Februar 1936).

S. 175: »Birds drinking with decanter«, Edward Bawden, *Invitation to Indulgence* (1958).

S. 179: »Dining room and footmen«, Edward Bawden, *Everything for Cocktails and Cocktail Parties* (Februar 1936).

S. 183: »Cow drinking beef tea«, Edward Bawden, *Feeling Fit; Invalid Delicacies* (ca. 1935).

S. 191: »Lobster and crab with candles«, Edward Bawden, *Christmas Catalogue* (1957).

S. 204: »Couple in booth with wine«, Edward Bawden, *Fortnum & Mason Pierce the Gloom* (1958).

S. 210–11: »Couple at table, with musicians«, W. M. Hendy, Jubilee Commentary (1935).

S. 217: »Man with watering can«, Edward Bawden, *Winsome Ideas* (1932).

S. 224: »Cauliflower with worm«, Edward Bawden, *Another Invitation to Indulgence* (1958).

S. 227: »List of monarchs and harp«, Edward Bawden, *Christmas Catalogue* (1958).

S. 232–33: »Cat with bird hat«, Edward Bawden, *Christmas Catalogue* (1958).

S. 236: »Marching fruit«, Künstler unbekannt – vermutlich von W. M. Hendy, *Come Let Us Command Fortnum & Mason to Put Auntie on Her Feet Again* (ca. 1932).

S. 240: »Crowned strawberry woman«, W. M. Hendy, *Everything for Your Store Cupboard* (October 1930).

S. 246: »Children playing in tree«, Edward Bawden, *Invitation to Indulgence* (1958).

S. 256–57: »Dr Johnson and Mrs Thrale«, W. M. Hendy, *Christmas Catalogue* (1932).

S. 259: »Christmas stocking«, Edward Bawden, *Christmas Catalogue* (1956).

S. 261: »Levitating waiter«, W. M. Hendy, *Commentary on Dainties to Fit You for the Stress of Autumn* (1930).

S. 263: »Couple with fish heads«, Edward Bawden, *Fortnum & Mason Pierce the Gloom* (1958).

S. 264: »Fortnum & Mason Humpty Dumpty«, Edward Bawden, *Easter Flyer* (1958).

S. 269: »Fortnum's Easter egg«, Edward Bawden, *Easter Flyer* (1957).

S. 281: »Cutlery, candles, clock«, Edward Bawden, *Christmas Catalogue* (1957).

S. 282–83: »Cat couple drinking«, Edward Bawden, *Christmas Catalogue* (1958).

S. 297: »Triumph«, R. Taylor, *Hurrah! Summer is a Comin-In! Fortnum & Mason's Store Cupboard Commentary, Spring* (März 1938).

Zitatnachweis

Zitate auf den Kapitelaufmachern S. 8, S. 52, S. 116, S. 132, S. 162, S. 178, S. 216, S. 232, S. 260 und S. 282 stammen aus den Katalogen im Archiv von Fortnum & Mason. Zitate auf dem Kapitelaufmacher S. 74 von John le Carré, *The Mission Song*, Hodder & Stoughton, 1996.

Zum Bildnachweis

Ein Großteil der Fotografie für dieses Buch wurde geshootet im Haus Fortnum & Mason (3. Etage), London, 181 Piccadilly.

Register

D

E